《会计改革与发展“十四五”规划纲要》解读

财政部会计司 编

中国财经出版传媒集团
中国财政经济出版社

图书在版编目（CIP）数据

《会计改革与发展“十四五”规划纲要》解读／财政部会计司编．--北京：中国财政经济出版社，2022.4

ISBN 978－7－5223－1326－9

Ⅰ.①会…　Ⅱ.①财…　Ⅲ.①会计制度改革－研究－中国　Ⅳ.①F233.2

中国版本图书馆 CIP 数据核字（2022）第 058132 号

责任编辑：庞丽佳　刘子鋆　　　　责任印制：党　辉

封面设计：卜建晨　　　　责任校对：张　凡

《会计改革与发展“十四五”规划纲要》解读

《KUAIJI GAIGE YU FAZHAN“SHISIWU”GUIHUA GANGYAO》JIEDU

中国财政经济出版社 出版

URL：http：//www.cfeph.cn

E－mail：cfeph@cfeph.cn

社址：北京市海淀区阜成路甲 28 号　邮政编码：100142

营销中心电话：010－88191522

天猫网店：中国财政经济出版社旗舰店

网址：https：//zgczjjcbs.tmall.com

北京密兴印刷有限公司印刷　各地新华书店经销

成品尺寸：175mm×250mm　16 开　13 印张　160 000 字

2022 年 5 月第 1 版　2022 年 5 月北京第 1 次印刷

定价：39.00 元

ISBN 978－7－5223－1326－9

（图书出现印装问题，本社负责调换，电话：010－88190548）

本社质量投诉电话：010－88190744

打击盗版举报热线：010－88191661　QQ：2242791300

目　录

第一部分　政策文件

会计改革与发展“十四五”规划纲要 ……………………………… 3

会计信息化发展规划（2021－2025年）………………………… 24

会计行业人才发展规划（2021－2025年）……………………… 37

注册会计师行业发展规划（2021－2025年）…………………… 53

第二部分　系列解读

推动变革融合　实现提质增效　合力推动会计事业再上新台阶

——《会计改革与发展“十四五”规划纲要》系列解读之一 … 79

深化政府及非营利组织会计改革　夯实现代财政制度基础

——《会计改革与发展“十四五”规划纲要》系列解读之二 … 91

推动改革创新　提高服务效能　实现企业会计准则体系建设与实施高质量发展

——《会计改革与发展“十四五”规划纲要》系列解读之三 … 104

规范秩序　优化服务　促进注册会计师行业持续健康发展

——《会计改革与发展“十四五”规划纲要》系列解读之四 … 118

加强新时代会计人才队伍建设　为高质量发展提供有力支撑
——《会计改革与发展“十四五”规划纲要》系列解读之五 … 129
加快会计数字化转型　支撑会计职能拓展　推动会计信息化工作向更高水平迈进
——《会计改革与发展“十四五”规划纲要》系列解读之六 … 144
贯彻落实全面依法治国新理念新思想新战略　扎实推进会计法治建设
——《会计改革与发展“十四五”规划纲要》系列解读之七 … 157
扎实推进企业和行政事业单位内部控制建设　为推进国家治理体系和治理能力现代化提供重要支撑
——《会计改革与发展“十四五”规划纲要》系列解读之八 … 171
全面深化管理会计应用　积极推动会计职能拓展
——《会计改革与发展“十四五”规划纲要》系列解读之九 … 181
加强会计理论与实务研究　推动经济社会高质量发展
——《会计改革与发展“十四五”规划纲要》系列解读之十 … 193

第一部分　政策文件

会计改革与发展“十四五”规划纲要

为科学规划、全面指导“十四五”时期的会计改革与发展，根据《中共中央关于制定国民经济和社会发展第十四个五年规划和二〇三五年远景目标的建议》《中华人民共和国国民经济和社会发展第十四个五年规划和2035年远景目标纲要》《财政“十四五”规划》（财综〔2021〕38号）和《国务院办公厅关于进一步规范财务审计秩序 促进注册会计师行业健康发展的意见》（国办发〔2021〕30号）有关精神，我们制定了本规划纲要。

一、面临的形势与挑战

（一）“十三五”时期会计改革与发展回顾。

“十三五”时期是会计改革与发展推陈出新、成果丰硕、具有重要意义的五年，《会计改革与发展“十三五”规划纲要》（财会〔2016〕19号）确定的各项任务基本完成，为会计工作进入新的高质量发展阶段打下坚实基础。

——会计法治建设成效显著。《中华人民共和国会计法》《中华人民共和国注册会计师法》修订取得阶段性进展，《会计档案管理办法》（财政部 国家档案局令第79号）、《会计师事务所执业许可和监督管理办法》（财政部令第89号）等4项部门规章修订并有效实施，《财政部关于加强国家统一的会计制度贯彻实施工作的指导意见》（财会〔2019〕17号）等16项规范性文件相继出台，会计人员诚信建设扎实推进，良法促进发展保障善治的会计法治环境正在逐步形成。

——政府会计改革全面推进。从无到有，包括1项基本准则、10项具体准则及2项应用指南、1项统一的政府会计制度和3项解释在内的具有中国特色的政府会计准则制度体系基本建成并稳步实施，为深化权责发生制政府综合财务报告制度改革夯实制度基础，为开展政府信用评级、加强资产负债管理、改进政府绩效监督考核、防范财政风险等提供支撑。

——企业会计标准持续完善。坚持与国际财务报告准则持续趋同的总基调，收入、金融工具等11项具体准则及5项准则解释修订印发并得到有效实施，建立企业会计准则实施机制以积极回应并解决会计准则实施中的技术问题，为助力供给侧结构性改革、服务经济社会和资本市场健康发展提供高质量会计信息支持。

——社会审计标准更加健全。保持与国际审计准则、国际会计师职业道德守则的持续动态趋同，修订33项注册会计师审计准则以及会计师事务所质量管理准则、注册会计师职业道德守则，完成注册会计师审计报告改革，推动会计师事务所建立健全质量管理体系，大力提升注册会计师执业质量和职业道德水平。

——会计职能转型实现突破。着眼于服务各类单位提高内部管理水平和风险防范能力，管理会计指引体系基本建成并得到广泛应用，内部控制建设防风险、防舞弊的作用日益显现，电子会计凭证应用全面推开，统一的会计数据标准更加健全，会计职能实现从传统的算账、记账、核账、报账向价值管理、资本运营、战略决策辅助等职能持续转型升级。

——会计人才素质明显提升。会计人才培养方式持续创新，职称制度改革深入推进，人员队伍结构持续向好，具备初、中、高级资格会计人员分别达到670.20万人、242.02万人和20.57万人，重点人才培养工程陆续推出，高端人才培养力度持续加大，为行业改革与发展提供人才保障。

——会计服务市场更加繁荣。以无纸化、“零跑路”为重点，持续深化会计领域“放管服”改革，积极打造更友好的营商环境。大力倡导质量优先发展，狠抓服务质量整治，会计审计业监管不断加强，会计审计工作质量得到有效改善。注册会计师行业收入年均增长率超过10%，代理记账行业收入年均增长率达到31%，会计服务市场活力得到充分激发。

——对外交流合作不断深化。全面参与会计国际标准的制定和重要会计国际机构治理，不断增强我国在会计国际规则制定的话语权，会计合作写入金砖国家领导人厦门宣言，“一带一路”国家会计准则合作论坛成功举办，双边、多边会计合作进展显著，我国在会计领域的国际影响力得到显著提升。

在肯定会计改革与发展取得成绩的同时，应当正视会计工作中存在的问题和不足，主要表现在会计审计标准体系建设仍需加强、会计服务市场管理仍需创新、会计审计工作质量仍需提升、高端人才供给仍显不足、法治建设仍有差距、数字化转型仍需加快，这些问题需要在“十四五”时期通过制度创新、体制优化、机制变革切实加以解决。

（二）“十四五”时期会计改革与发展面临的形势与挑战。

“十四五”时期是会计工作实现高质量发展的关键时期，会计作为宏观经济管理和市场资源配置的基础性工作，在我国全面深化改革和深度融入经济全球化的进程中，面临难得的发展机遇，同时也面临着诸多挑战。

——从国际看，一方面，世界正经历百年未有之大变局，国际形势的不稳定性不确定性明显增加。新冠肺炎疫情大流行影响广泛深远，经济全球化遭遇逆流，外部环境面临深刻而复杂的变化，将会深刻影响现有国际会计秩序。另一方面，和平与发展仍然是时代主题，人类命运共同体深入人心，多边主义仍是国际关系主流，全球经贸往来频繁，跨境资本流动规模增加，跨境会计、审计合作及监管面临新的挑战。

——从国内看，一方面，我国已开启了向第二个百年奋进的新征程，经济增长已由高速增长阶段转向高质量发展阶段，制度优势和治理优势不断凸显，市场配置资源的决定性作用显著增强，公平的营商环境持续优化，宏观经济政策不断完善，宏观治理手段不断丰富。会计信息在经济发展、营商环境优化和宏观经济决策方面发挥着越来越重要的作用。另一方面，随着新一轮科技革命和产业变革深入发展，经济转型升级和创新发展中新的商业模式层出不穷，将深刻影响会计政策的发展与走向，会计工作在职能职责、组织方式、处理流程、工具手段等方面发生着重大而深刻的变化，挑战与机遇并存。

面对这些新情况、新问题、新挑战、新机遇，要求会计法治、会计标准不断健全完善、有效实施，要求会计人员持续提升素质、加速转型，要求会计管理部门继续转变观念、创新管理、改进方法，在认真总结过去五年会计工作成绩经验基础上，准确把握新发展阶段、深入贯彻新发展理念、加快构建新发展格局，助推会计工作运用新技术、融入新时代、实现新突破，扎实推进会计改革与发展各项工作，助力国家治理体系和治理能力现代化。

二、总体要求

（一）指导思想。

“十四五”时期，会计改革与发展的指导思想是：深入学习贯彻习近平新时代中国特色社会主义思想和党的十九大以及十九届二中、三中、四中、五中、六中全会精神，增强“四个意识”、坚定“四个自信”、做到“两个维护”，紧紧围绕服务经济社会发展大局和财政管理工作全局，立足新发展阶段、贯彻新发展理念、构建新发展格局，以推动高质量发展为主题，以深化供给侧结构性改革为主线，以改革创新为根本动力，以维护市场经济秩序和公众利益为根本目的，统筹国内国际两个大局，牢牢把握会计审计标准制定和实施“两个重点”、切实抓好行业和人才队伍“两个管理”、持续强化法治化和数字化“两个支撑”、努力实现会计职能对内对外“两个拓展”，积极推动我国会计事业取得新成绩、实现新跨越，为推进国家治理体系和治理能力现代化，实现社会主义现代化和第二个百年奋斗目标作出新的更大贡献。

（二）基本原则。

——坚持党的领导。坚持党对会计改革与发展的全面领导，完善党领导下会计管理工作的制度机制，提高会计工作贯彻新发展理念、服务构建新发展格局的能力和水平，为实现会计改革与发展目标任务提供根本政治保证。

——坚持依法治理。坚持强化会计法治建设，按照科学立法、民主立法原则，持续推动会计立法、普法、执法工作，建立健全会计法律制度体系，加强会计监督、加大违法惩处力度、加快推进职业道德建设，有效发挥法治固根本、强根基、利长远的保障作用。

——坚持创新变革。贯彻新发展理念，不断推进会计管理制度创新，推动会计管理体制机制变革，破解会计管理工作中的重点难点问题，破除会计改革与发展中的制度性障碍，持续推动会计事业健康有序发展。

——坚持融合发展。坚持将会计工作摆到经济社会发展大局和财政管理工作全局中去布局、去谋划，以数字化技术为支撑，推动会计工作与国家宏观经济管理工作、单位经营管理活动深度融合，充分发挥会计工作基础性服务功能，不断提高会计工作服务经济社会发展的效能。

——坚持开放包容。坚持开放、包容、普惠、平衡、共赢的发展原则，践行习近平总书记“构建人类命运共同体”重要思想，统筹国内国际两个大局，深度参与会计领域国际治理和国际标准制定，持续加强会计领域国际交流与合作，不断提高我国在会计领域的国际话语权和影响力。

（三）总体目标。

“十四五”时期，会计改革与发展的总体目标是：主动适应我国经济社会发展客观需要，会计审计标准体系建设得到持续加强，会计审计业发展取得显著成效，会计人员素质得到全面提升，会计法治化、数字化进程取得实质性成果，会计基础性服务功能得到充分发挥，以实现更高质量、更加公平、更可持续的发展，更好服务我国经济社会发展大局和财政管理工作全局。

——会计审计标准更加科学。会计准则体系、管理会计指引体系、内部控制规范体系、会计信息化标准体系以及注册会计师职业准则体系等各类会计审计标准体系得到进一步完善，对基层会计实务工作的指导更加精准，对标准实施情况的跟踪反应机制更加及时高效，切实推动各类标准体系得到有效实施。

——会计审计业实现高质量发展。会计审计领域“放管服”改革进一步深化，会计审计秩序进一步规范，执业环境得到明显改善，服务能力和水平持续提升，行业信誉度不断增强，跨部门、多维度的行业监管体制机制进一步健全，监管合力进一步增强，国际化发展步伐进一步加快，培育出一批具有国际竞争力的会计服务机构，在持续推进更高水平的对外开放中发挥积极作用。

——人才队伍结构持续优化。以经济发展需求和行业发展趋势为导向，建立健全分层次、分类型的会计人才能力框架体系，持续创新会计人才培养方式方法，持续改进会计人才评价体系和评价手段，持续丰富会计人员继续教育内容，推动会计人员专业技能和职业道德素养全面提升，会计人才结构更加优化、会计人才队伍不断壮大。

——会计法治更具约束刚性。推动加快修订《中华人民共和国会计法》《中华人民共和国注册会计师法》，同步加强相关配套规章制度立法工作，切实提高立法工作质量和水平。贯彻实施国家统一的会计制度的刚性要求和法律约束得到强化，会计监督体系更加健全有效，会计监督执法力量得到充实，会计监督检查方式得到丰富，执法必严、违法必究的法治氛围不断浓厚，为经济平稳运行和市场健康发展提供有效法治保障。

——会计职能实现拓展升级。以数字化技术为支撑，以推动会计审计工作数字化转型为抓手，健全完善各种数据标准和安全使用规范，形成对内提升单位管理水平和风险管控能力、对外服务财政管理和宏观经济治理的会计职能拓展新格局。

三、主要任务

（一）持续推动会计审计标准体系高质量建设与实施。

1. 持续完善企业会计准则体系的建设与实施。

全面梳理并修订我国企业会计准则体系，明晰体系内各层级准则制度的框架和内容。加强企业会计准则前瞻性研究，主动应对新经济、新业态、新模式的影响，积极谋划会计准则未来发展方向。紧密跟踪国际财务报告准则项目进展和国内实务发展，找准企业会计准则国际趋同和解决我国实际问题之间的平衡点和结合点，更好地促进我国企业创新和经济高质量发展。根据国内实务发展和国际趋同需要，定期更新准则汇编、应用指南汇编，研究制定企业会计准则解释，研究修订会计科目和报表格式。整合社会多方力量参与企业会计准则制定的研究工作，加强企业会计准则与监管、税收等政策的协调，增强企业会计准则制定的针对性和适用性。健全完善适用于中小型企业的会计准则体系。加强会计准则委员会的建设，充分发挥会计准则委员会在企业会计准则制定中的作用。

完善企业会计准则制度执行的运行框架，加强企业会计准则实施前模拟测试，建立适合我国的企业会计准则实施评估机制，确保企业会计准则体系的有效运行。优化企业会计准则实施快速反应机制，及时跟踪企业会计准则实施情况，进一步建立健全企业会计准则实施问题收集渠道，做好上市公司财报分析工作，加强企业会计准则应用案例、实施问答等实务指导，及时回应市场关切。继续发挥由政府监管部门、企业、会计师事务所、理论学者等多方参与的企业会计准则实施机制的作用，探索建立常态化联合解决问题机制，加强信息共享与沟通，提高企业会计准则执行效果。

2. 继续深化政府及非营利组织会计改革。

根据政府会计改革与发展需要，继续健全完善政府会计准则制度体系并推进全面有效实施。全面系统梳理政府会计准则制度体系并确立体系维护机制。加强对自然资源资产、文物文化资产、政府收入等政府会计问题的研究，制定有关政府会计具体准则。研究制定公立医院、高等学校、科学事业单位成本核算具体指引，扎实推进事业单位开展成本核算，研究行政单位成本核算相关问题。按年度制定发布政府会计准则制度解释，进一步明确准则制度中的相关规定。适时出台有关实施通知，进一步加强公共基础设施政府会计核算。加强对政府会计准则制度的宣传和培训，强化政府会计准则制度应用案例、实施问答等实务指导，及时回应和解决政府会计准则制度实施中的问题。健全完善政府会计准则制度建设与实施机制，积极发挥相关机制作用，推进政府会计准则制度全面有效实施。

适应非营利组织改革发展需要，修订完善非营利组织会计制度。修订发布工会会计制度及相关新旧衔接规定。适时修订民间非营利组织会计制度。加强对非营利组织会计制度的宣传和培训，推进相关会计制度全面有效实施。

进一步建立健全基金（资金）类会计标准，更好地满足相关改革发展需要。研究制定机关事业单位职业年金基金相关业务会计处理规定。配合相关基金（资金）管理改革需要，研究修订或制定相关基金（资金）类会计核算办法。加强对基金（资金）会计制度的宣传和培训，推进相关会计制度全面有效实施。

3. 不断完善和有效实施注册会计师职业准则体系。

与时俱进完善注册会计师职业准则体系，充分发挥其对注册会计师专业服务的规范和引领作用。深入研究新技术对注册会计师行业服务手段、服务质量、服务效率和服务风险的影响，制定或修订风险评估、会计估计审计、集团审计、温室气体排放鉴证、特殊目的审计、服务机构鉴证、商定程序等注册会计师执业准则。

紧密跟踪注册会计师职业准则的实施情况，指导会计师事务所建立健全质量管理体系，积极发挥技术咨询作用，及时回应行业关切。做好注册会计师审计实务指南和问题解答工作，提高会计师事务所理解和执行注册会计师职业准则的能力。持续完善注册会计师职业道德守则，加强审计职业道德体系建设，强化注册会计师职业道德准则的贯彻实施，筑牢执业道德底线，稳固诚信执业生命线。

（二）全面推动会计审计业高质量发展。

1. 依法整治行业秩序。

坚持系统思维、点面结合、综合施策，加强会计师事务所审计秩序整顿规范，紧抓质量提升主线，守住诚信操守底线，筑牢法律法规红线。建立健全监管合作机制，实现财会监督与其他监督有机贯通、协同发力。加强对会计师事务所与企业串联违规造假行为的惩戒，对弄虚作假、配合企业蒙骗监管部门和投资者的会计师事务所和注册会计师严惩重罚。严肃查处违法违规行为并曝光典型案例，着力整肃会计师事务所无证经营、网络售卖审计报告、注册会计师挂名执业、注册会计师超出胜任能力执业等行业乱象。按照“双随机一公开”原则，加强代理记账机构及其从事代理记账业务情况的监督检查，坚决依法惩处代理记账机构违法违规行为。

2. 强化行业日常管理。

全面深化“放管服”改革，推动简政放权纵深发展。贯彻落实行政审批制度改革和简政放权要求，积极推进会计师事务所及其分所和代理记账机构执业许可行政审批制度改革，切实做好自贸区“证照分离”改革试点工作，进一步简化会计师事务所、注册会计师、代理记账机构审批业务流程、便利申请手续。探索建立审计报告数据单一来源制度，推动实现全国范围“一码通”。加强会计师事务所股东（合伙人）新增退出备案管理。调整完善市场禁入措施，积极推动改善执业环境，稳定会计师事务所发展预期。坚持问题导向，规范会计资料、审计底稿出境，保障会计审计数据安全。多措并举，进一步激发现代会计服务业市场主体活力。

充分发挥注册会计师协会、代理记账行业协会等社会组织自我服务、自律管理作用，加强行业协会管理，加强财政部门对行业协会的监督、指导，促进行业协会健康有序发展，做好相关行业的成长发展与监督约束。完善现代会计服务业政府行政管理、行业自律管理相互协调、相互配合、相互支撑的监管格局，加强行政监管队伍建设和能力建设，推动行政管理部门间的跨部门监管信息共享、共用，形成监管合力。

3. 优化行业执业环境。

推动建立质量导向的会计师事务所选聘机制，着力解决注册会计师行业恶性竞争问题。完善会计师事务所风险保障机制，采取建立风险保障基金和注册会计师执业责任保险等方式，督促会计师事务所提升风险防御能力。加强会计师事务所一体化管理，出台一体化管理办法，建立可衡量、可比较的指标体系，引导会计师事务所在人员调配、财务安排、业务承接、技术标准和信息化建设方面实行统一管理。推动注册会计师行业、代理记账行业电子证照的应用推广，实现电子证照跨地区、跨部门共享和全国范围内互信互认。继续推动解决合伙制会计师事务所取消地域名问题，促进会计师事务所跨地域发展。支持中西部经济欠发达地区会计审计业发展。

4. 提升行业服务能力。

结合大、中、小型会计师事务所特点，每年从一体化管理、信息化管理、“专精特”发展等方面树立典型示范，推广先进经验。着力培育一批国内领先、国际上有影响力的会计师事务所，助力更多自主品牌会计师事务所走向世界，积极打造注册会计师行业国际合作交流平台，服务中国经济参与和融入全球经济发展。创新继续教育方式，围绕专业胜任能力、职业技能、职业价值、职业道德等重点，丰富完善教育内容。充分利用信息技术手段，切实提高培训效果，持续保持和强化注册会计师专业胜任能力和职业道德操守，促进审计质量提升。

（三）培养造就高水平会计人才队伍。

1. 健全会计人才评价体系。

探索建立以诚信评价、专业评价、能力评价为维度的会计人才综合评价体系，引导和教育广大会计人员诚信执业、提升能力。完善会计专业技术资格考试评价制度，做好会计专业技术资格考试和评审工作，充分发挥会计人才评价的导向作用。推动会计专业技术资格考试与注册会计师等职业资格考试科目互认、与会计专业学位研究生教育相互衔接，畅通各类会计人员流动、提升的渠道。

2. 提高会计人员继续教育质量。

以经济发展需求和行业发展趋势为导向，以能力框架为指引，制定会计人员继续教育专业科目指南。修订中国注册会计师胜任能力指南。丰富继续教育内容和方式。积极推进继续教育信息化平台建设和应用。

3. 抓好会计人才培养重大工程。

重点做好企业总会计师、行政事业单位财务负责人、会计师事务所合伙人等高端财会人才培训培养工作。继续做好国际化高端会计人才培养工程、会计名家培养工程等长期人才培养项目。组织开展会计人才能力框架研究工作。健全会计人才使用机制，加强会计人才库建设，使高端会计人才更好服务于会计事业改革与经济社会发展。积极支持各地区、各部门因地制宜开展高端会计人才培养使用工作。

4. 推动学科发展和学历教育改革。

构建适应经济发展、产业结构调整、新技术革命和国家治理能力现代化等新形势的会计学科专业体系。配合教育部门深化会计学历教育改革，依托部分高校，聚焦直接影响会计学科专业建设的关键因素，从师资、课程、教材、教学内容与教学方式和实践基地等方面进行教改研究和探索。按照“产、学、研”一体化发展思路，优化会计学历教育人才培养结构，完善会计应用型人才培养机制。积极推进设立会计博士专业学位，完善会计专业学位体系，加强核心课程教材建设和会计专业学位教育质量认证，持续提升会计专业学位研究生培养质量。

5. 加强会计人才培养基地建设。

充分发挥国家会计学院、会计行业组织（团体）在会计人才培养上的重要作用。积极推动国家会计学院“国际一流、中国特色”学院建设，支持国家会计学院开展高端财会人才培养、会计专业研究生教育、新型财经智库建设、财经国际交流合作等。加强国家会计学院建设发展情况的定期评价工作。加强对会计行业组织（团体）的指导和监督，支持其加强会员管理，开展会员培训。鼓励和引导高校、科研院所、企业等参与会计人才培养，共同提高会计人员能力水平。

（四）全面推进会计法治建设。

1. 加快完善会计法治体系。

推动加快修订《中华人民共和国会计法》《中华人民共和国注册会计师法》及其配套规章制度，落实会计审计工作的主体责任，丰富行政监管手段，畅通单位内外部会计监督衔接渠道，加大对违法行为的惩处力度，完善民事责任承担机制，为持续推动会计审计工作法治化、规范化奠定制度基础。引导社会各方面广泛参与会计立法，在立法过程中同步推进释法宣法普法工作。创新运用多种方式开展会计普法教育，加强对新出台法律法规规章的解读，指导督促会计人员掌握法规制度、依法开展会计审计工作。通过立法普法，完善会计法治体系，构建科学立法、严格执法、公正司法、全民守法的会计法治体系。

2. 切实加强会计执法检查。

围绕深化财会监督的要求，依法加大对上市公司、国有企业、金融企业等实体及相关会计师事务所检查力度，加大对违法违规行为的行政处罚力度和公开曝光力度。优化执法检查机制，统一执法标准、统筹执法计划、统合执法力量，提升执法检查的专业性、权威性。进一步强化部门协作机制，避免重复多头检查，切实做到有法必依、执法必严、违法必究。

3. 持续推进会计诚信建设。

深入开展会计诚信教育，将会计职业道德作为会计人才培养、评价、继续教育的重要内容，推动财会类专业教育加强职业道德课程建设，不断提升会计人员诚信素养。加强会计诚信机制建设，依托会计管理信息平台，实现跨层级、跨部门、跨系统数据互联互通。加强会计诚信体系建设，全面建立会计行业信用记录，继续完善守信联合激励和失信联合惩戒机制。根据国家有关规定，加强对于诚实守信、忠于职守、坚持原则、作出显著成绩的会计人员的表彰奖励工作。加大会计诚信宣传力度，加强会计诚信文化建设，把法律规范和道德规范结合起来，以道德滋养法治精神，加强德治与法治的衔接与贯通，营造全行业守法、合规、诚信的向善向上氛围。

（五）切实加快会计审计数字化转型步伐。

1. 积极推动会计工作数字化转型。

做好会计工作数字化转型顶层设计。修订《企业会计信息化工作规范》，将会计信息化工作规范的适用范围从企业扩展至行政事业单位，实现会计信息化对单位会计核算流程和管理的全面覆盖。加强会计数据标准体系建设，研究制定涵盖输入、处理和输出等会计核算和管理全流程、各阶段的统一的企业会计数据标准。进一步健全对企业业务全流程数据的收集、治理、分析和利用机制，推动统一的企业会计数据标准应用。探索建立跨平台、结构化的会计数据共享机制。制定、试点并逐步推广电子凭证会计数据标准，推动电子会计凭证开具、接收、入账和归档全程数字化和无纸化。推动企业将内控制度和流程嵌入信息系统，推动行政事业单位借助信息化手段确保内部控制制度有效实施，推动地方试点乡镇街道等基层行政单位借助信息化手段提升内部控制。研究信息化新技术应用于会计基础工作、管理会计实践、财务会计工作和单位财务会计信息系统建设。

2. 积极推动审计工作数字化转型。

鼓励会计师事务所积极探索注册会计师审计工作数字化转型。大力推进函证数字化工作，加快推进函证集约化、规范化、数字化进程。积极推进函证数字化试点工作，制定、完善函证业务、数据等标准，加快函证电子化平台建设并规范、有序、安全运行，利用信息技术手段解决函证不实等问题，以提升审计效率效果、防范金融风险。研究制定注册会计师审计数字化转型相关指引，鼓励会计师事务所依法依规利用数字化审计技术。

3. 积极推动会计管理工作数字化转型。

优化全国统一会计人员管理服务平台，持续采集更新会计人员信息，完善会计人员信用信息，有效发挥平台社会服务功能，提高会计人员管理效率。完善财政会计行业管理系统，加大会计师事务所信息披露力度，满足企事业单位选聘会计师事务所信息需求。升级全国代理记账机构管理系统，积极探索依托信息化手段，实现对行业发展状况的实时动态跟踪，完善对代理记账机构的信用信息公示，提升事中事后监管效能。稳步推进会计行业管理信息化建设，发挥会计数据标准的作用，打通不同平台之间的数据接口，运用会计管理大数据，为提升国家治理体系和治理能力现代化提供数据支撑。

（六）大力推动会计职能拓展。

1. 推动会计职能对内拓展。

加强对企业管理会计应用的政策指导、经验总结和应用推广，推进管理会计在加速完善中国特色现代企业制度、促进企业有效实施经营战略、提高管理水平和经济效益等方面发挥积极作用。加强管理会计在行政事业单位的政策指导、经验总结和应用推广，为行政事业单位提升内部治理水平作出有益探索。全面修订完善内部控制规范体系，有针对性地加强内部控制规范的政策指导和监督检查，强化上市公司、国有企业、行政事业单位建立并有效实施内部控制的责任，为各类单位加强内部会计监督、有效开展风险防控、确保财务报告真实完整夯实基础。贯彻绿色发展理念，按照国家落实“碳达峰、碳中和”目标的政策方针和决策部署，加强可持续报告准则的研究，适时推动建立我国可持续报告制度。

2. 推动会计职能对外拓展。

服务政府预算管理、资产管理、债务管理、绩效管理等需要，推动有关各方加强对政府会计信息的分析应用，为提升政府部门财务管理水平和财政可持续性提供信息支撑。服务宏观经济管理需要，推动企业财务数据的有效分析运用，为财政部门及相关方面评估国家宏观经济运行和财政税收政策效果、做好相关政策决策等提供信息支撑。服务政府监管需要，探索企业财务报表数据共享试点，以会计数据库为基础，开发分析模型，分阶段形成非现场监管能力，支持会计准则高质量实施、审计质量提升以及其他监管工作，为会计监管数字化提供支撑。服务企业可持续发展需要，探索、总结、推广现代会计服务业在推动社会价值创造中的实践经验，及时总结推广数据增信缓解中小微企业融资难、融资贵等会计改革创新成果，充分发挥会计职能在市场资源配置中的作用，为企业创新发展提供支撑。

（七）全面参与会计国际治理。

1. 深度参与国际会计标准制定。

全面参与企业会计准则国际治理体系建设，实现在企业会计准则国际治理体系各个层级中有中方代表参与、在双边多边会计交流合作国际场合中反映中国声音、在支撑参与国际治理的各项基础能力建设工作中夯实制度基础，建立健全并严格执行准则项目研究报告制度、国际会计人才培养制度和涉外人员管理协同制度，有效提升参与企业会计准则国际治理能力。积极参与国际公共部门会计准则制定。

全面系统梳理会计国际治理层级，科学研究确立各层级参与策略，不断加大参与力度。全面参与国际财务报告准则基金会监督委员会、受托人、国际会计准则理事会、咨询委员会等治理层、核心技术层和战略层的各项事务，及时就会计国际治理体系改革重大问题加强协调沟通。加强国际会计技术前瞻性研究，广泛动员力量，积极发挥会计准则委员会作用，形成“目标统领、工作统筹、力量统合、口径统一”的整体工作格局。通过国际会计准则理事会解释委员会、会计准则咨询论坛、新兴经济体工作组及相关咨询工作组、全球主要会计学术组织等，多层次多渠道深度参与国际财务报告准则制定，密切跟踪国际可持续准则制定相关工作进展，充分发挥中方代表作用，在重大会计技术议题上阐明中方观点，影响国际准则制定。

2. 持续深化多边双边会计交流合作。

积极发展全球会计领域伙伴关系，不断扩大会计国际交流合作范围。持续深化《“一带一路”国家关于加强会计准则合作的倡议》下的会计交流合作，提升“一带一路”国家准则建设和实施能力，定期召开合作论坛会议，相互宣传本国会计准则、法规和监管政策等，共同探索解决会计准则建设实施过程中面临的问题，更好地支持“一带一路”建设，实现互利共赢。充分利用亚洲—大洋洲会计准则制定机构组、世界准则制定机构会议、会计准则制定机构国际论坛、中日韩三国会计准则制定机构、国际会计师联合会、亚太会计师联合会等多边机制，协调立场，发挥参与技术研究、引领议题讨论等作用。继续推进与其他国家或地区会计准则制定机构的多边双边合作交流，争取支持，为我国企业会计准则建设和国际趋同创造有利环境。

3. 稳妥推进会计服务市场双向开放。

秉持平等互利、合作共赢的原则，积极开展会计服务市场开放谈判，全面落实《关于建立更紧密经贸关系的安排》（CEPA）、《海峡两岸经济合作框架协议》（ECFA），积极参与自由贸易区、自由贸易港建设。继续加强与其他国家或地区的会计审计跨境监管合作，在互相尊重主权和法律尊严的前提下，寻求灵活务实的跨境监管合作途径和方式，降低监管成本，提高监管效率。

4. 研究资本市场开放相关会计审计政策。

适应资本市场开放要求，持续研究制定境外机构在华投融资会计审计标准适用政策。巩固与欧盟、英国、俄罗斯、中国香港会计准则等效成果。稳步推进中国—瑞士等会计审计准则等效互认磋商，加快推进中国—俄罗斯和中国—英国等审计准则等效互认磋商。

（八）加强会计理论和实务研究。

1. 组织会计理论攻关。

围绕会计改革与发展重点任务开展前瞻性、战略性研究。围绕会计法规制度建设、会计工作转型发展等主题开展重大项目、重点课题研究，加快推出系列成果，切实促进学术成果转化应用，为有关政策的制定完善和有效实施提供科学论证和决策参考。

2. 完善理论研究机制。

完善学术年会、专题研讨、专门论坛等学术活动机制，创新理论研究成果的转化应用机制，优化期刊选稿用稿、论文评选呈报、人才选拔推荐等学术评价机制，加强对政策导向和实务工作相关问题的研究，建立各级各类会计学会及其所属机构分工合作的学术工作机制，逐步形成以中国会计学会为引领，服务全国、协同高效的会计理论研究体系，结合会计改革发展进程组织开展案例研究，讲好中国故事。

3. 深化国际学术交流。

充分发挥中国会计学会、国家会计学院等在深化会计国际学术交流中的平台作用，有效运用“一带一路”财经发展研究中心等国际合作机制，配合国家对外开放发展战略开展学术交流合作，更好地服务于经贸往来和资本流动。

四、保障措施

（一）加强组织领导。

要结合本规划纲要的内容，重点抓好《会计信息化发展规划（2021—2025年）》《会计行业人才发展规划（2021—2025年）》和《注册会计师行业发展规划（2021—2025年）》三项子规划的编制实施，积极推动重点改革发展任务落地见效。各级财政部门和中央有关主管部门要重视和加强会计管理工作，统筹规划，组织协调，确保规划纲要的有效落实；指导、督促会计管理机构、会计行业组织、会计学会等加强协作、抓好落实，共同推进会计管理工作，促进本地区（部门）会计管理工作水平不断迈上新台阶。各地区（部门）应当积极推动规划纲要中重大的会计改革与发展举措与本地区（部门）的国民经济和社会发展“十四五”规划、财政“十四五”规划的有效衔接，充分发挥会计在推动经济社会发展中的基础性服务功能。有条件的地区（部门），可以结合实际研究制定本地区（部门）会计“十四五”规划或配套政策措施，确保有关重大会计改革任务如期完成、取得实效。

（二）健全会计管理机构。

各级财政部门要高度重视会计管理机构和队伍建设，进一步健全会计管理机构，充实会计管理队伍，落实会计管理经费，为会计改革与发展提供重要的组织、人力资源和资金保障。各级会计管理机构要增强服务意识，用好工作联系点制度，抓好窗口建设，进一步提升会计管理工作效能和服务质量。

（三）积极营造良好社会氛围。

各级财政部门和中央有关部门应当采取多种形式，广泛宣传规划纲要的基本内容，广泛宣传“十四五”时期会计改革与发展的目标任务，争取社会各界对会计改革与发展的理解、重视、支持，为全面深化会计改革与发展营造良好的社会氛围。

（四）建立健全考核检查机制。

各级财政部门和中央有关部门要对规划纲要确定的目标任务进行分解，并督促落实。要定期检查、评估纲要的落实情况，针对存在问题及时采取有效措施，确保规划纲要确定的各项目标任务落到实处、取得实效。

附录

“十四五”时期会计改革与发展指标

指标	2025 年	属性
➢ 注册会计师行业规模		
(1) 注册会计师行业从业人员数量	40 万人	预期性
(2) 有国际竞争力影响力的会计师事务所数量	10 家	预期性
(3) 注册会计师行业年收入规模	1900 亿元	预期性
➢ 代理记账行业规模		
(4) 代理记账机构执业人数	30 万人	预期性
(5) 代理记账机构数量	7.5 万家	预期性
(6) 代理记账行业年收入规模	300 亿元	预期性
➢ 会计人员队伍规模		
(7) 具备初级资格会计人员数量	>900 万人	预期性
(8) 具备中级资格会计人员数量	>300 万人	预期性
(9) 具备高级资格会计人员数量	>25 万人	预期性
➢ 高端人才培养数量		
(10) 国际化高端人才数量	150 人	预期性
(11) 会计名家数量	15 人	预期性
(12) 大中型企业总会计师、行政事业单位财务负责人年均培训人数	3600 人	预期性
(13) 会计师事务所合伙人年培训人数	1000 人	预期性

会计信息化发展规划（2021－2025年）

为科学规划“十四五”时期会计信息化工作，指导国家机关、企业、事业单位、社会团体和其他组织（以下统称单位）应用会计数据标准，推进会计数字化转型，支撑会计职能拓展，推动会计信息化工作向更高水平迈进，根据《中华人民共和国国民经济和社会发展第十四个五年规划和2035年远景目标纲要》《财政“十四五”规划》和《会计改革与发展“十四五”规划纲要》有关精神，制定本规划。

一、面临的形势与挑战

（一）“十三五”时期会计信息化工作回顾。

——会计信息化建设有序推进，夯实了会计转型升级基础。各单位积极推进会计信息化建设，部分单位实现了会计核算的集中和共享处理，推动会计工作从传统核算型向现代管理型转变。单位内部控制嵌入信息系统的程度不断提升，为实施精准有效的内部会计监督奠定了基础。

——业财融合程度逐步加强，提升了单位经营管理水平。会计信息系统得到普遍推广应用，为单位会计核算工作提供了有力保障。企业资源计划（ERP）逐步普及，促进了会计信息系统与业务信息系统的初步融合，有效提升了单位服务管理效能和经营管理水平。

——新一代信息技术得到初步应用，推动了会计工作创新发展。大数据、人工智能、移动互联、云计算、物联网、区块链等新技术在会计工作中得到初步应用，智能财务、财务共享等理念以及财务机器人等自动化工具逐步推广，优化了会计机构组织形式，拓展了会计人员工作职能，提升了会计数据的获取和处理能力。

——电子会计资料逐步推广，促进了会计信息深度应用。企业会计准则通用分类标准持续修订完善，在国资监管、保险监管等领域有效实施；修订《会计档案管理办法》，出台电子会计凭证报销入账归档相关规定，推动电子会计资料普遍推广，促进了会计信息的深度应用。

在会计信息化工作取得一定成效的同时，还应当正视存在的问题和不足，主要表现在：会计信息化发展水平不均衡，部分单位会计信息系统仅满足传统会计核算需要，未能对业务和管理形成支撑和驱动，业财融合程度有待进一步加强；有些行业和单位仍存在“信息孤岛”现象，会计数据未能有效共享，无法充分发挥会计数据作用；会计数据标准尚未完全统一，制约了会计数字化转型进程，未能对会计、审计工作起到应有的支撑作用；对会计信息安全的实践和理论研究不够，会计信息化工作的创新发展受到制约；社会合力推进会计信息化的氛围不浓，会计信息化对会计职能拓展的支撑不够有力；会计信息化资金投入和人才培养不足。这些问题需要在“十四五”时期切实加以解决。

（二）“十四五”时期会计信息化工作面临的形势与挑战。

——经济社会数字化转型全面开启。随着大数据、人工智能等新技术创新迭代速度加快，经济社会数字化转型全面开启，对会计信息化实务和理论提出了新挑战，也提供了新机遇。运用新技术推动会计工作数字化转型，需要加快解决标准缺失、制度缺位、人才缺乏等问题。

——单位业财融合需求更加迫切。一方面，业务创新发展和新技术创新迭代不断提出新的业财融合需求；另一方面，多数单位业财融合仍处于起步或局部应用阶段，推动业财深度融合的需求较为迫切。

——会计数据要素日益重要。随着数字经济和数字社会发展，数据已经成为五大生产要素之一。会计数据要素是单位经营管理的重要资源。通过将零散的、非结构化的会计数据转变为聚合的、结构化的会计数据要素，发挥其服务单位价值创造功能，是会计工作实现数字化转型的重要途径。进一步提升会计数据要素服务单位价值创造的能力是会计数字化转型面临的主要挑战。

——会计数据安全风险不容忽视。随着基于网络环境的会计信息系统的广泛应用，会计数据在单位内部、各单位之间共享和使用，会计数据传输、存储等环节存在数据泄露、篡改及损毁的风险，会计信息系统和会计数据安全风险不断上升，需要采取有效的防范措施。

二、总体要求

（一）指导思想。

以习近平新时代中国特色社会主义思想为指导，全面贯彻党的十九大和十九届历次全会精神，立足新发展阶段，完整、准确、全面贯彻新发展理念，构建新发展格局，推动高质量发展，紧紧围绕服务经济社会发展大局和财政管理工作全局，积极支持加快数字化发展、建设数字中国，提升会计信息化水平，推动会计数字化转型，构建形成国家会计信息化发展体系，充分发挥会计信息在服务宏观经济管理、政府监管、会计行业管理、单位内部治理中的重要支撑作用。

（二）基本原则。

——立足大局、服务发展。准确把握全球信息化脉搏和趋势，贯彻落实国家有关信息化、数字化、智能化发展战略部署，服务我国经济社会发展、财政管理工作、会计管理工作和单位会计数字化转型。

——问题导向、精准发力。直面“十三五”期间会计信息化发展中的痛点难点问题，充分把握新时代会计数字化转型的新形势、新机遇，集中力量解决会计信息化进程中面临的重点难点问题。

——统筹谋划、分步实施。坚持系统化发展理念，注重统筹谋划、合理布局，坚持重点突破、分步实施，逐步建立会计信息化可持续协调发展的长效机制。

——鼓励创新、包容共享。以技术和管理创新为动力，鼓励社会各方在符合相关法律、法规和制度的前提下，利用新一代信息技术开展各种会计信息化应用探索，促进会计信息化工作创新发展。

——稳妥有序、确保安全。在全国会计信息化水平仍不均衡的条件下，推动各地区、各部门根据不同发展阶段实际需要，有序开展会计信息化建设。加强会计信息安全风险防范，确保我国会计信息系统总体安全。

（三）总体目标。

“十四五”时期，我国会计信息化工作的总体目标是：服务我国经济社会发展大局和财政管理工作全局，以信息化支撑会计职能拓展为主线，以标准化为基础，以数字化为突破口，引导和规范我国会计信息化数据标准、管理制度、信息系统、人才建设等持续健康发展，积极推动会计数字化转型，构建符合新时代要求的国家会计信息化发展体系。

——会计数据标准体系基本建立。结合国内外会计行业发展经验以及我国会计数字化转型需要，会同相关部门逐步建立健全覆盖会计信息系统输入、处理、输出等各环节的会计数据标准，形成较为完整的会计数据标准体系。

——会计信息化制度规范持续完善。落实《中华人民共和国会计法》等国家相关法律法规的新要求，顺应会计工作应用新技术的需要，完善会计信息化工作规范、软件功能规范等配套制度规范，健全会计信息化安全管理制度和安全技术标准。

——会计数字化转型升级加快推进。加快推动单位会计工作、注册会计师审计工作和会计管理工作数字化转型。鼓励各部门、各单位探索会计数字化转型的实现路径，运用社会力量和市场机制，逐步实现全社会会计信息化应用整体水平的提升。

——会计数据价值得到有效发挥。提升会计数据的质量、价值与可用性，探索形成服务价值创造的会计数据要素，有效发挥会计数据在经济资源配置和单位内部管理中的作用，支持会计职能对内对外拓展。

——会计监管信息实现互通共享。通过数据标准、信息共享机制和信息交换平台等方面的基础建设，在安全可控的前提下，初步实现监管部门间会计监管数据的互通和共享，提升监管效率，形成监管合力。

——会计信息化人才队伍不断壮大。完善会计人员信息化方面能力框架，丰富会计人员信息化继续教育内容，创新会计信息化人才培养方式，打造懂会计、懂业务、懂信息技术的复合型会计信息化人才队伍。

三、主要任务

（一）加快建立会计数据标准体系，推动会计数据治理能力建设。

统筹规划、制定和实施覆盖会计信息系统输入、处理和输出等环节的会计数据标准，为会计数字化转型奠定基础。

——在输入环节，加快制定、试点和推广电子凭证会计数据标准，统筹解决电子票据接收、入账和归档全流程的自动化、无纸化问题。到“十四五”时期末，实现电子凭证会计数据标准对主要电子票据类型的有效覆盖。

——在处理环节，探索制定财务会计软件底层会计数据标准，规范会计核算系统的业务规则和技术标准，并在一定范围进行试点，满足各单位对会计信息标准化的需求，提升相关监管部门获取会计数据生产系统底层数据的能力。

——在输出环节，推广实施企业财务报表会计数据标准，推动企业向不同监管部门报送的各种报表中的会计数据口径尽可能实现统一，降低编制及报送成本、提高报表信息质量，增强会计数据共享水平，提升监管效能。

（二）制定会计信息化工作规范和软件功能规范，进一步完善配套制度机制。

推动修订《中华人民共和国会计法》，为单位开展会计信息化建设、推动会计数字化转型提供法制保障。完善会计信息化工作规范和财务软件功能规范，规范信息化环境下的会计工作，提高财务软件质量，为会计数字化转型提供制度支撑。探索建立会计信息化工作分级分类评估制度和财务软件功能第三方认证制度，督促单位提升会计信息化水平，推动会计数据标准全面实施。

（三）深入推动单位业财融合和会计职能拓展，加快推进单位会计工作数字化转型。

通过会计信息的标准化和数字化建设，推动单位深入开展业财融合，充分运用各类信息技术，探索形成可扩展、可聚合、可比对的会计数据要素，提升数据治理水平。夯实单位应用管理会计的数据基础，助推单位开展个性化、有针对性的管理会计活动，加强绩效管理，增强价值创造力。完善内部控制制度的信息化配套建设，推动内部控制制度有效实施。推动乡镇街道等基层单位运用信息化手段，提升内部控制水平。发挥会计信息化在单位可持续报告编报中的作用，加强社会责任管理。

（四）加强函证数字化和注册会计师审计报告防伪等系统建设，积极推进审计工作数字化转型。

围绕注册会计师行业审计数据采集、审计报告电子化、行业管理服务数据、电子签章与证照等领域，构建注册会计师行业数据标准体系。鼓励会计师事务所积极探索全流程的智能审计作业平台及辅助工具，逐步实现远程审计、大数据审计和智能审计。大力推进审计函证数字化工作，制定、完善审计函证业务规范和数据标准，加快函证集中处理系统建设，鼓励函证数字平台发展和规范、有序、安全运行。探索建立审计报告单一来源制度，推动实现全国范围“一码通”，从源头上治理虚假审计报告问题。

（五）优化整合各类会计管理服务平台，切实推动会计管理工作数字化转型。

优化全国统一的会计人员管理服务平台，完善会计人员信用信息，有效发挥平台的监督管理和社会服务作用。构建注册会计师行业统一监管信息平台，加强日常监测，提升监管效率和水平，加大信息披露力度。升级全国代理记账机构管理系统，实现对行业发展状况的实时动态跟踪，完善对代理记账机构的奖惩信息公示，提升事中事后监管效能。系统重塑会计管理服务平台，稳步推进会计行业管理信息化建设，运用会计行业管理大数据，为国家治理体系和治理能力现代化提供数据支撑。

（六）加速会计数据要素流通和利用，有效发挥会计信息在服务资源配置和宏观经济管理中的作用。

以会计数据标准为抓手，支持各类票据电子化改革，推进企业财务报表数字化，推动企业会计信息系统数据架构趋于一致，制定实施小微企业会计数据增信标准，助力缓解融资难、融资贵问题，促进会计数据要素的流通和利用，发挥会计信息在资源配置中的支撑作用。利用大数据等技术手段，加强会计数据与相关数据的整合分析，及时反映宏观经济总体运行状况及发展趋势，为财政政策、产业发展政策以及宏观经济管理决策提供参考，发挥会计信息对宏观经济管理的服务作用。

（七）探索建立共享平台和协同机制，推动会计监管信息的互通共享。

积极推动会计数据标准实施，在安全可控的前提下，探索建立跨部门的会计信息交换机制和共享平台。到“十四五”时期末，初步实现各监管部门在财务报表数据层面和关键数据交换层面上的数据共享和互认，基本实现财务报表数据的标准化、结构化和单一来源，有效降低各监管部门间数据交换和比对核实的成本，提升监管效能。

（八）健全安全管理制度和安全技术标准，加强会计信息安全和跨境会计信息监管。

坚持积极防御、综合防范的方针，在全面提高单位会计信息安全防护能力的同时，重点保障各部门监管系统中会计信息的安全。针对不同类型的单位，建立健全会计信息分级分类安全管理制度、安全技术标准和监控体系，加强对会计信息系统的审计，建立信息安全的有效保障机制和应急处理机制。探索跨境会计信息监管标准、方法和路径，防止境内外有关机构和个人通过违法违规和不当手段获取、传输会计信息，切实保障国家信息安全。

（九）加强会计信息化人才培养，繁荣会计信息化理论研究。

各单位要加强复合型会计信息化人才培养，高等院校要适当增加会计信息化课程内容的比重，加大会计信息化人才培养力度。在会计人员能力框架、会计专业技术资格考试大纲、会计专业高等和职业教育大纲中增加对会计信息化和会计数字化转型的能力要求。推动理论界研究会计数字化转型的理论与实践、机遇与挑战、安全与伦理等基础问题，研究国家会计数据管理体系等重大课题，开展会计信息化应用案例交流，形成一批能引领时代发展的会计信息化研究成果。

四、实施保障

（一）强化组织领导，明确职责分工。

财政部要加强与中央有关主管部门的统筹协调，建立健全运行高效、职能明确、分工清晰的会计信息化工作机制，实现政策制定和政策实施的联动协调，形成推进合力。有条件的地区（部门）可以结合实际，制定本地区（部门）的会计信息化发展规划或实施方案，切实将规划各项任务落到实处。注册会计师协会要以行业信息化战略为引领，指导和推动会计师事务所数字化转型，推进行业高质量发展。充分发挥全国会计信息化标准化技术委员会的作用，加快制定会计信息化国家标准。

（二）精心推动实施，形成工作合力。

单位负责人是本单位会计信息化工作的第一责任人，总会计师（或分管财务会计工作负责人）和财务会计部门要落实分管责任和具体责任。各单位要结合实际需要，制定会计信息化工作方案，加强组织实施和经费保障，切实推动本单位会计信息化工作。代理记账机构要积极探索会计资源共享服务理念，探索打造以会计数据为核心的数据聚合平台，支持中小微企业会计数据价值创造。财务软件和相关咨询行业要切实加强对会计信息化系列软件产品的研发，探索新技术在会计信息化工作中的具体应用，积极助力会计数字化转型。中国会计学会等专业学会协会和理论界要加强会计信息化最新理论研究，为会计数字化转型提供智力支持。

（三）加强监督考核，确保落地见效。

各级财政部门和中央有关主管部门要对规划确定的目标任务进行细化分解，明确进度，落实责任，加强对会计信息化建设的指导、督促与落实。要定期检查、评估规划的落实情况，推广先进经验，针对存在问题及时采取有效措施，确保会计信息化规划确定的各项目标任务落到实处、取得实效。

附录 1

图 1 国家会计信息化发展体系图

附录 2

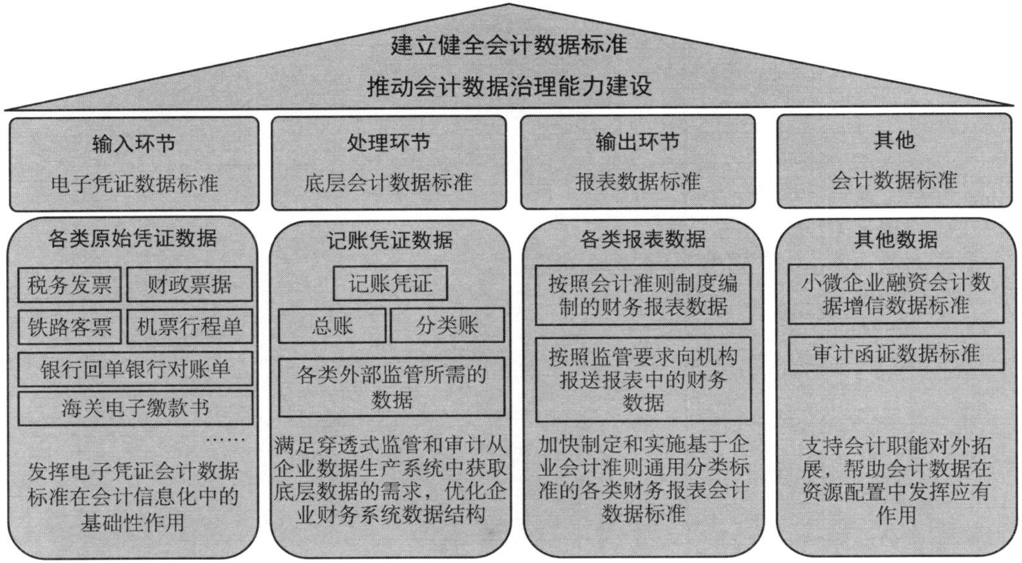

图 2　会计数据标准体系图

附录3

“十四五”时期会计信息化发展指标表

指标	指标值	属性
1. 应用电子凭证会计数据标准的原始凭证类型占所有原始凭证类型的比例	50%	预期性
2. 应用电子凭证会计数据标准的单位数量占非手工会计核算单位数量的比例	50%	预期性
3. 数字化银行函证数量占所有银行函证数量的比例	60%	预期性
4. 纳入审计报告防伪系统的审计报告数量占所有审计报告数量的比例	100%	预期性

会计行业人才发展规划（2021－2025年）

为深入实施新时代人才强国战略，培养造就高素质专业化会计人才队伍，为高质量发展提供人才支撑，根据《中华人民共和国国民经济和社会发展第十四个五年规划和2035年远景目标纲要》《财政“十四五”规划》和《会计改革与发展“十四五”规划纲要》有关精神，结合会计人才工作实际，制定本规划。

一、发展情况和面临形势

（一）会计人才发展情况。

会计人才是我国人才队伍的重要组成部分，是维护市场经济秩序、促进经济社会发展、推动会计改革发展的重要力量。《会计行业中长期人才发展规划（2010—2020年）》实施以来，财政部门会同相关部门加快完善会计人才各项制度，有效实施会计人才培养重大工程，积极营造会计人才发展良好环境，会计人才规模有序增长、人才结构不断优化、人才竞争力明显提升，会计人才在推动各单位提高现代化管理水平、引导社会资源合理配置、保障社会公众利益、维护国家经济安全和市场经济秩序中发挥了重要作用。一是会计人才建设各项制度不断健全。制定出台《会计人员管理办法》《会计专业技术人员继续教育规定》《中国注册会计师继续教育制度》《关于深化会计人员职称制度改革的指导意见》《关于加强会计人员诚信建设的指导意见》等，修订印发《全国会计专业技术资格无纸化考试考务规则》《全国会计专业技术资格考试评卷工作规则》等。二是会计人才队伍规模不断壮大。通过加强会计专业技术资格管理、注册会计师资格管理，有序推进会计人员、注册会计师继续教育和能力评价工作，加强会计学历教育和师资队伍建设，我国会计人才队伍规模稳步增长，整体素质明显提升。截至2020年底，我国共有670.20万人取得初级会计专业技术资格，242.02万人取得中级会计专业技术资格，20.57万人通过高级会计专业技术资格考试；我国注册会计师行业从业人员近40万人，会计师事务所合伙人（股东）3.6万人；在开设本科以上学历教育的高校及科研单位中从事会计教学科研工作的人员超过1.3万人。三是会计人才培养重大工程成效显著。实施一系列会计人才培养项目，加强对企业总会计师、行政事业单位财务负责人、会计师事务所合伙人、会计教学科研人才和国际化高端会计人才的培养，发挥高端会计人才的引领辐射作用，带动和推进各级各类会计人才队伍建设。截至2020年底，共有1802人入选全国高端会计人才培养工程，毕业1071人；实施大中型企事业单位总会计师素质提升工程，培训6.7万人次；实施国际化高端会计人才培养工程，招收90名学员；实施会计名家培养工程，70人入选，39人获得“会计名家”称号；全国会计硕士专业学位研究生培养单位从最初的24家发展到269家，已累计招生超过12万人，授予学位超过8万人。四是会计人才发展环境不断改善。会计职能作用得到有效发挥，国家级会计人才培养基地加快建设，区域重点会计人才支持政策相继推出，增设正高级会计师，会计职业发展空间进一步拓展。

（二）“十四五”时期会计人才发展面临的形势。

“十四五”时期是我国全面建成小康社会、实现第一个百年奋斗目标之后，乘势而上开启全面建设社会主义现代化国家新征程、向第二个百年奋斗目标进军的第一个五年，会计人才工作面临新的机遇和挑战。

从机遇看，一是我国已转入高质量发展阶段，加快构建以国内大循环为主体、国内国际双循环相互促进的新发展格局，推进国家治理体系和治理能力现代化，将促使广大会计人才在挖掘经济增长潜能、优化经济结构，加强财会监督、防范化解重大风险，提升会计服务业发展能级和竞争力，推动经济社会持续健康发展等方面发挥更大作用。二是我国将深入实施新时代人才强国战略，加快建设世界重要人才中心和创新高地，深化人才发展体制机制改革，加快建立以创新价值、能力、贡献为导向的人才评价体系，全方位培养、引进、用好人才，将为我国会计人才干事创业营造更加积极的政策环境。

从挑战看，一是以信息技术、数字技术、人工智能为代表的新一轮技术革命催生了新产业、新业态、新模式，对会计理论、会计职能、会计组织方式、会计工具手段等产生了重大而深远的影响，需要会计理论工作者加强会计基础理论研究，推动我国会计理论创新发展；需要会计实务工作者深入应用新技术，推动会计审计工作数字化转型；需要会计管理工作者加强会计数据相关标准建设，推动会计数据资源开发利用。二是我国会计人才队伍区域发展差异较大，结构性失衡问题仍然存在，中西部地区会计人才队伍整体素质有待提高，基层行政事业单位会计力量亟需增强，高端会计人才仍然缺乏，难以满足高质量发展对创新型、复合型、国际化人才的要求。

二、总体要求

（一）指导思想。

以习近平新时代中国特色社会主义思想为指导，深入贯彻党的十九大和十九届历次全会精神，增强“四个意识”，坚定“四个自信”，做到“两个维护”，全面贯彻习近平总书记关于新时代人才工作新理念新战略新举措，立足新发展阶段，贯彻新发展理念，服务构建新发展格局，推动高质量发展，坚持党管人才，坚持正确政治方向，坚持人才引领发展，加大人才发展投入，构建科学规范、开放包容、运行高效的会计人才培养体系，建立以诚信评价、专业评价、能力评价为维度的会计人才综合评价体系，形成识才爱才敬才用才的良好环境和政策优势，推动我国会计人才战略思维提升、创新能力发展、数字智能转型，提升我国会计人才教育培养综合实力和会计人才资源竞争优势，为全面建设社会主义现代化国家提供有力人才保障。

（二）基本原则。

——坚持党管人才。坚持党对会计人才工作的全面领导，强化党组织领导和把关作用，全方位培养、引进、用好会计人才，突出会计人才政治能力建设，引导广大会计人才矢志爱国奉献、勇于创新创造。

——坚持立德树人。将立德树人作为会计人才教育培养的根本任务，弘扬社会主义核心价值观，加强会计法治教育、诚信自律教育、职业精神培育和专业能力建设，增强责任意识，提高担当本领，打造德才兼备、以德为先的会计人才队伍。

——强化顶层设计。围绕构建新发展格局和推动质量变革、效率变革、动力变革目标，有效整合会计人才政策措施，理顺政府、市场、社会、用人主体关系，明确各自功能定位，构建梯次分明、定位清晰、科学合理的会计人才发展工作体系。

——聚焦高端群体。面向经济主战场、面向国家重大战略需求，培养高层次会计人才，重点加强企业总会计师、行政事业单位财务负责人、会计师事务所合伙人、会计教学科研人才、国际化会计人才的培养，突出点上聚焦、以点带面、高端引领。

——注重整体提升。加大基层会计人才培养力度，重视青年人才培养，加强人才梯队建设，构建包括继续教育和学历教育等在内的终身学习培养体系，形成分层次、分类型、差异化的会计人才培养长效机制。

——加强协同推进。政府部门强化组织领导、政策支持、投入保障，激发高校、科研院所、企事业单位、社会团体和机构等参与会计人才建设工作的积极性和活力，构建政府、社会、市场协同推进的会计人才发展大格局。

（三）发展目标。

“十四五”时期，通过深化改革，会计人才发展体制机制改革取得突破性进展，会计人才培养、评价、使用体系更加健全，会计人才创新活力充分激发，会计职业发展环境更加优化，会计人才对我国经济社会发展的支撑作用明显增强。

——会计人才结构不断优化，人才布局与经济社会发展更加协调。会计人才资源总量稳步增长，会计人才分布、层次和类别等结构更趋合理，中西部地区会计人才素质明显提升，行政事业单位会计人才队伍不断充实，高端会计人才数量比“十三五”期末增长35%，建设一批高水平会计人才高地和高层次会计人才聚集平台，在会计理论前沿领域有一批开拓者，在主要会计国际组织有一批决策参与者和专家团队，在企业、行政事业单位、会计师事务所的关键岗位有一批核心骨干力量。

——会计教育培养体系不断健全，人才培养效能显著提升。以提升职业素养、创新能力为重点，完善会计专业技术资格考试和职称评审、注册会计师考试、继续教育、学历教育等；优化会计人员教育培养布局结构，基本形成各级财政部门、用人单位、高校和科研院所、行业协会等共同参与的开放、协同、联动的会计人员终身学习教育培训体系，不断提高会计人才队伍的能力素质和整体水平，促进各级各类会计人才认真履行岗位职责、规范执行财经法规、有效维护社会主义市场经济秩序。

——会计人才评价体系不断完善，人才评价作用有效发挥。围绕新时代推进高质量发展对会计工作的新要求，完善会计人才评价标准，突出评价职业道德、能力素质和工作业绩，充分发挥会计专业技术资格考试评价在会计人才评价方面的重要作用，促进评价结果与会计人才培养、使用相结合。

——会计人才使用机制不断创新，人才使用效能明显提升。加强与组织部门、人才主管部门、用人单位联动，推动会计人才信息整合、数据共享，积极为会计人才拓展事业和实现价值提供机会、条件和平台，促进会计人才有效流动和优化配置，充分发挥会计人才在经济业务、经营活动、监督管理等业务关口的作用。

三、主要任务

（一）加强会计诚信建设。

诚信是会计职业道德的重要内容，也是对会计行业的最基本要求。要加强会计法治建设，为会计诚信建设提供法律保障。通过修订会计法律制度、制定会计人员职业道德规范，修订完善注册会计师职业道德守则等，强化会计诚信意识，支持会计人员依法履职尽责，保护会计人员合法权益；完善会计法律责任体系，提高会计违法成本。要建立涵盖事前、事中和事后全过程的会计诚信体系，建立会计人员信用信息管理制度，规范信用信息归集、评价、利用，探索诚信积分管理机制，健全会计人员守信联合激励和失信联合惩戒机制，加强与有关部门合作，实现信用信息的互换、互通和共享，将会计人员信用信息作为会计人才选拔、培养、评价、使用的重要依据。支持会计相关行业协会建立健全信用承诺制度，加强行业自律。要加强会计法治教育、会计诚信教育和思政教育，将会计职业道德作为会计人才培养教育的重要内容，推动财会类专业教育加强职业道德和课程思政建设。要加大会计诚信宣传，组织开展先进会计工作者评选表彰，健全评选表彰机制，宣传先进事迹，鼓励会计人才主动担负起时代赋予的使命责任；加强对典型失信案例的警示教育。

（二）构建会计人才能力框架。

会计人才能力框架是从事会计工作或履行会计相关岗位职责应具备的能力和要求的组合，包括知识、技能、价值观等。以经济发展需求和行业发展趋势为导向，遵循人才成长规律，把握会计职业特点，针对不同层次、不同类别的会计人才分别构建能力框架，强化对会计信息化能力的要求，推动各级各类会计人才适应会计工作数字化转型。以能力框架为指引，制定会计人员继续教育科目指南，修订中国注册会计师胜任能力指南，构建高端会计人才培养核心课程体系，积极引导广大会计人员根据职业发展要求，持续加强能力建设，推动会计工作更好地服务高质量发展。

（三）健全会计人才评价体系。

会计人才评价是会计人才发展体制机制的重要部分，是会计人才资源开发管理和使用的前提。探索建立以诚信评价、专业评价、能力评价为维度的会计人才综合评价体系，充分发挥会计人才评价对会计人才教育培养的导向作用，促进广大会计人员提升能力、诚信执业。

完善会计专业技术资格考试评价制度，修订会计专业技术资格考试大纲，加强会计专业技术资格考试组织实施管理，探索推进初级会计专业技术资格考试一年多考。加大对高级和正高级会计专业技术资格评审工作的指导力度，向艰苦边远地区适当放宽评审标准。研究会计专业技术资格考试、评审与注册会计师等职业资格考试科目互认、与会计专业学位研究生教育衔接的机制、与高端会计人才培养衔接的机制，减少重复评价，畅通各类会计人才流动、提升的渠道。

（四）完善继续教育管理体制机制。

开展继续教育是建设高素质专业化会计人才队伍的基础性战略性工作。紧密结合经济社会和会计行业发展要求，以能力建设为核心，完善继续教育制度，丰富继续教育内容，创新继续教育方式，突出继续教育的针对性、差异化、实用性和前瞻性，持续提高继续教育质量。充分利用云计算、大数据、虚拟现实、人工智能等新技术，推进继续教育信息化平台建设和应用，提供标准统一、内容规范、质量优秀的会计人员继续教育课程和注册会计师胜任能力全要素模块课程，开展继续教育师资库建设。将继续教育完成情况作为参加会计人才评价、会计人才选拔、先进会计工作者评选的重要依据。加强对继续教育机构的指导和监督，鼓励继续教育机构提供优质继续教育课程资源。各地财政部门应加强对本地区基层会计人员继续教育的管理。各业务主管部门、用人单位应支持和保障会计人员、注册会计师参加继续教育。会计人员、注册会计师应主动适应岗位需要和职业发展要求完成继续教育，不断完善知识结构，增强创新能力，提高专业水平。

（五）加强高端会计人才培训培养。

健全高端会计人才培训培养的有关制度安排，重点对大中型企业总会计师、行政事业单位财务负责人、会计师事务所合伙人等高端财会群体及其后备人员进行培训培养。完善以职业需求为导向、以实践能力为重点的高端会计人才培训培养模式，课上讲授与课下研讨相结合，课堂教学与现场教学相结合，线上培训与线下培训相结合，增强培训的实践性和实用性。财政部重点对中央单位和省级单位开展培训，设置短期培训和长期培训两个类别，短期培训聚焦岗位能力培训，长期培训着重加强中青年人才培养，有关培训资源将适当向艰苦边远地区倾斜。鼓励和支持各地财政部门加强对本地区单位重点群体的培训，并注重加强对本地区中小企业、民营企业、基层行政事业单位财务负责人和财政总预算会计以及代理记账机构负责人的培训。财政部推动全国高端会计人才培养纳入国家高端人才培养体系，各地财政部门应推动本地区高端会计人才培养纳入本级政府高端人才培养体系。各业务主管部门和用人单位应根据行业发展需求，有针对性地培养本行业、本领域、本单位的高端会计人才和涉外会计人才。各用人单位应鼓励和支持会计人员参加培训，并提供必要保障。

（六）推进会计学科专业体系建设。

会计学科专业是会计人才培养的基础和载体。构建适应经济发展、产业结构调整、新技术革命、国家治理体系和治理能力现代化等新形势的会计学科专业体系，积极推进论证会计学一级学科申报和建设。把握数字化、网络化、智能化融合发展的契机，促进会计学科与其他学科的交叉融合。适当增加政府会计、管理会计、会计信息化相关课程内容的比重。财政部门配合教育部门深化会计学历教育改革，依托部分高校，聚焦直接影响会计学科专业体系建设的关键因素，从师资、课程、教材、教学内容、教学方式和实践基地等方面进行以战略思维、业财融合、数字智能为导向的教改研究和探索，推动产学研一体化发展。增强会计职业教育适应性，进一步完善培养机制。加强会计基础理论研究，争做国际学术前沿并行者乃至领跑者，开展战略性、全局性、前瞻性问题研究，创新科研组织模式，建立重点研究基地，打造一批新型高校智库，为重大会计政策制定提供支持。

（七）提升会计专业学位研究生教育质量。

会计专业学位研究生教育主要培养具有较强专业能力、职业素养和创新思维的应用型会计人才。财政部会同国家教育主管部门、人才主管部门，面向会计行业当前及未来人才重大需求，开展会计硕士专业学位核心课程建设、教材建设、教学案例库建设和教育质量认证等工作；积极推进会计硕士专业学位教育与会计专业技术中级资格的衔接；积极推进设立会计博士专业学位，完善会计专业学位体系；优化跨院校的教师、学生之间的交流沟通学习平台，推进培养单位与实务部门在课程建设、实习实践和科学研究方面的合作。各培养单位要加大教学投入，健全教学激励机制，加强国际合作，建立培养方案动态调整机制，着力增强研究生实践能力、创新能力；培养优秀师资，引入和配备具有丰富实务经验、大数据分析等学科背景的会计青年教师；丰富课堂形式，采用案例教学、沙盘模拟、情景模拟、翻转课堂、整合性学习、线上线下混合式教学等教学方法；规范实习实践基地管理，与实践基地深入合作，开展符合实务导向要求的课外综合素质活动。

（八）搭建会计人员管理服务平台。

搭建会计人员管理服务平台是贯彻落实“放管服”改革要求，加强会计人员事中事后管理的重要手段。财政部建设全国统一的会计人员管理服务平台，对会计人员的基础信息、信用信息、继续教育信息等进行采集、管理和维护，建设全国会计人才数据库，动态掌握会计人才发展状况。各省级财政部门建立本地区会计人员管理服务平台，为本地区会计人员提供特色服务。财政部门应充分利用信息化技术，加强会计人员信息的分析、查询、利用，推动会计人员信息互联与共享，为会计考试报名、证书办理、继续教育登记等提供便捷高效政务服务，注重保护会计人员信息安全；建立高端会计人才数据库，搭建高端会计人才交流平台，吸收优秀人才加入会计专业咨询委员会提供决策咨询、担任师资、开展课题研究，发挥会计人才专业力量。逐步建立起行业主管部门、组织部门、人才主管部门、用人单位、会计人才共同参与的会计人才服务体系。

（九）加大会计人才培养基地建设。

会计人才培养基地是对会计人才进行知识更新和能力提升的服务平台。财政部加强国家会计学院建设，推动国家会计学院坚守高端培训办学使命，开展高端会计人才培养、会计专业学位研究生教育，创新培养模式、提高师资水平，打造高端会计人才培养主阵地；坚定特色发展办学方向，在高端会计人才培养、学位教育、智库建设中突出优势领域，形成差异定位协同发展新格局；坚持整合资源办学策略，切实发挥学院董事会、战略咨询委员会的咨询和支持作用，加强高质量在线学习平台建设，共建携手共进合作共赢大平台。鼓励和支持在北京、上海、粤港澳大湾区建设高水平会计人才高地，在高端会计人才集中的中心城市建设吸引和集聚会计人才的平台。鼓励和支持各地区重点针对地区、行业中急需紧缺的会计人才开展培训，为社会各单位和会计人员提供精细化的业务培训、能力提升等服务。鼓励和引导企业、高校、科研院所等参与会计人才联合培养，注重发挥会计行业组织（团体）在会计人才培养方面的作用，支持会计行业组织（团体）搭建会计学术交流、实践交流平台。

四、重大工程

为培养各领域的高端会计人才，财政部实施一系列重大会计人才培养工程，着力培养符合新时代高质量发展要求的大中型企业高端会计人才，符合新时代行政事业单位管理要求的高端会计人才，符合国家建设要求的注册会计师，符合教育改革要求、贴近会计实务的会计教学科研人才和学术带头人，符合会计国际交流合作需要的国际化高端会计人才。

（一）大中型企业总会计师培养工程。

通过实施大中型企业总会计师培养工程，着力培养符合新时代高质量发展要求的大中型企业高端会计人才，即具有良好职业操守、新时代发展理念、管理创新能力、全球战略眼光、社会责任感，能够站在时代前沿和战略全局思考问题，为实现企业战略目标出谋划策；能够形成与企业发展相适应的财务管理模式，有效发挥财务工作对企业发展战略和经营决策的支撑作用，不断提升价值创造能力；能够充分利用国际国内两个市场、两种资源，为企业发展提出全球性解决方案；能够有效识别、研判和应对经营风险，为企业健康持续发展提供支持和保障；能够引领带动企业会计人才队伍发展。具体培养计划为：对中央企业一二三级企业、省级国有企业一二级企业、上市公司和地方重点企业总会计师开展轮训，提升总会计师岗位能力素质，每年培训约 2900 人，五年共培训约 14500 人；选拔一批大中型企业优秀中青年会计人才进行重点培养，培养周期三年，每两年选拔 1 次，五年共选拔培养约 240 人。

（二）行政事业单位财务负责人培养工程。

通过实施行政事业单位财务负责人培养工程，着力培养符合新时代行政事业单位管理要求的高端会计人才，即具有较高政治素养、专业水平、管理能力，能够有效实施政府会计准则制度体系，规范行政事业单位会计核算，提高会计信息质量；能够加强部门预算管理、资产负债管理和成本绩效管理，积极推进预算管理一体化，为进一步深化预算管理制度改革提供支持；能够加强单位内控建设、信息化建设和管理会计应用，推动单位会计人才队伍建设，有效提升单位规范化、科学化管理水平，提高公共服务的效率和效果。具体培养计划为：对国家和省级行政事业单位财务负责人开展轮训，提升财务负责人岗位能力素质，每年培训约720人，五年共培训约3600人；选拔一批行政事业单位优秀中青年会计人才进行重点培养，培养周期三年，每两年选拔1次，五年共选拔培养约120人。

（三）会计师事务所合伙人培养工程。

通过实施会计师事务所合伙人培养工程，着力培养符合国家建设要求的注册会计师，即符合“政治型、职业型、专业型、复合型、国际型”要求，能够带头践行“独立、客观、公正”的职业精神，持续提升专业胜任能力，熟悉市场规则，具有国际视野，既“专”又“博”发挥辐射效应，推动价值提升；能够在规范会计服务市场，优化执业环境，提升会计师事务所治理水平、审计质量和服务国家建设能力，增强我国注册会计师行业国际竞争力等方面发挥重要作用。具体培养计划为：对会计师事务所合伙人开展轮训，提升会计师事务所合伙人执业能力和管理能力，每年培训约1000人，五年共培训约5000人；选拔一批会计师事务所优秀中青年人才进行重点培养，培养周期三年，每年选拔 1 次，五年共选拔培养约 180 人。

（四）会计教学科研人才培养工程。

通过实施会计教学科研人才培养工程，着力培养符合教育改革要求、贴近会计实务的会计教学科研人才和学术带头人，会计教学科研人才应当具有良好师德师风、科研成果或教学效果突出，能够在加强会计理论和实践应用研究，推动会计学术创新和理论成果转化，融入国际学术前沿，创新教育教学方法，培养优秀会计人才，优化会计学科体系，提升会计学科地位等方面发挥重要作用；学术带头人应当在会计学术领域造诣精深、成就突出、享有较高声誉。具体培养计划为：选拔一批从事会计教学科研工作的优秀中青年人才进行重点培养，培养周期三年，每两年选拔 1 次，五年共选拔培养约 120 人；实施会计名家工程，发现、培养、举荐约 15 名造诣高深、成就突出、影响广泛的杰出会计理论与实务工作者。

（五）国际化高端会计人才培养工程。

通过实施国际化高端会计人才培养工程，着力培养符合会计国际交流合作需要的国际化高端会计人才，即具有开阔的国际视野、丰富的实务经验、突出的专业能力、娴熟的英语技能，能够运用综合战略思维，参与企业会计准则国际治理；能够利用开放的会计国际交流与合作机制，在多双边会计国际场合中踊跃“发声”，积极影响国际会计标准制定；能够凭借过硬的专业能力，深入研究国际财务报告准则项目，为我国会计准则建设贡献智慧和力量。具体培养计划为：选拔培养约 150 名国际化高端会计人才，通过参与国际会计标准制定和国际交流合作、发表会计专业意见、担任财政部企业会计准则咨询委员会委员等方式，为我国参与国际会计标准制定建言献策，提高我国在国际会计领域的话语权和影响力。

五、实施保障

（一）加强组织领导。

财政部负责本规划的统筹协调、宏观指导和组织实施工作，制定重点工程实施办法。各级财政部门和中央有关主管部门要重视会计人才工作，支持开展会计人才培养，加强政策协调，健全工作机制，切实抓好规划的贯彻落实。各地区（部门）可以结合实际，制定本地区（部门）的会计人才发展规划或制定支持本地区（部门）会计人才发展的政策措施。各用人单位要重视会计人才队伍建设，优化本单位会计人才发展环境，为会计人才成长提供必要的平台和经费支持，切实发挥会计人才作用。

（二）加大宣传引导。

各级财政部门和中央有关主管部门要通过各种渠道和形式大力宣传规划的重大意义、指导思想、基本原则、目标任务、重大工程，积极回应社会关切，及时宣传实施中的典型经验、做法和成效，引导社会各界关注会计人才，支持会计人才工作，营造全社会关心尊重会计人才、重视支持会计人才发展的良好氛围。

（三）强化管理队伍。

财政部加强对会计管理人才、财会监督检查人才的培训培养，通过组织承担重点专项任务、重大课题等，提升各级会计管理人才、财会监督检查人才的专业素质、管理能力和服务水平。各地财政部门和中央有关主管部门要加强本地区（部门）会计管理、财会监督队伍的建设，更好发挥会计管理人才、财会监督检查人才在推动会计法律法规和国家统一的会计制度的贯彻实施、加强财会监督检查、提升会计服务管理水平、营造良好会计环境等方面的作用。

（四）做好跟踪反馈。

各省级财政部门和中央有关主管部门要及时跟踪、总结规划实施情况，对于形成的先进经验、创新做法以及取得的成效等形成书面材料报财政部，财政部采取适当方式进行总结推广。各省级财政部门和中央有关主管部门要及时了解规划实施中出现的情况和问题，及时调整完善政策措施，确保各项任务和要求落实到位。

注册会计师行业发展规划（2021－2025年）

为引领注册会计师行业高质量发展，统筹推进注册会计师行业改革发展各项工作，制定本规划。

一、行业发展现状与形势

（一）行业发展取得显著成就。

“十三五”时期，注册会计师行业深入贯彻习近平总书记系列重要讲话精神和注册会计师行业要“紧紧抓住服务国家建设这个主题和诚信建设这条主线”的重要批示精神，持续实施行业发展战略体系，创新行业管理和服务体制机制，深化行业党建和业务建设，行业职业化、市场化、信息化和国际化水平明显提升，行业发展取得明显成效。五年来，行业诚信建设扎实推进，队伍规模、素质稳步提升，职业准则体系保持动态国际趋同，执业质量规范化水平明显提升，会计师事务所做强做优、做专做精成效明显，行业业务收入结构不断优化，行业业务收入规模实现较快增长，行业服务领域不断拓展，行业服务国家建设的价值和贡献逐步提升。截至2020年12月31日，全国有会计师事务所9800余家（含分所1200余家），其中，业务收入过亿元的有51家。中注协个人会员总数达28万余人，其中，执业会员11万余人，非执业会员17万余人。全行业收入从2015年的689亿元增长到2019年的1108亿元，年均增长超过10%。行业持续服务企事业单位达420万家，同时，深度参与国家“一带一路”建设，为1.1万家中国企业在全球200多个国家和地区设点布局提供强有力的专业支持。“十三五”时期行业发展规划目标任务基本完成，为行业进入新的高质量发展阶段打下扎实基础。

（二）行业面临的形势。

从国际来看，当今世界正经历百年未有之大变局，经济全球化遭遇逆流，新冠疫情加剧了全球经济衰退，新一轮科技革命和产业变革深入发展，世界经济结构、产业结构、国际分工发生深刻变革，行业发展面临日趋复杂的发展环境。从国内来看，我国已转向高质量发展阶段，质量变革、效率变革、动力变革正在加快推进，要求行业服务向专业化和价值链高端延伸，从鉴证服务向增值服务拓展，大力提升发展能级和竞争力。注册制的推行和新《证券法》的贯彻实施，对进一步强化以信息披露为核心的监管理念、提升行业高质量审计服务能力提出了新的要求。这些都对行业职业标准、服务能力、服务质量以及行业监管提出了新的挑战。与此同时，党的十九届五中全会提出了加快构建新发展格局的战略构想，强调要建设高标准市场体系，加快发展现代服务业，引导社会组织有序承接政府转移职能和公共事务，这些不仅有利于优化行业发展环境，也将为行业发展和行业价值提升提供新的机遇。面对新形势新要求，行业要紧紧围绕国家“十四五”时期新目标、新任务，牢牢把握新发展阶段，全面贯彻新发展理念，深度融入新发展格局，扎实推进行业改革发展各项工作，助力提升国家治理体系和治理能力现代化。

在行业发展取得长足进步的同时，我们也要看到当前行业面临发展质量特别是审计质量与公众需要和经济社会高质量发展要求之间的矛盾，具体表现为行业人才与行业业务多元化发展不相适应、行业信息化水平与数字强国战略不相适应、行业执业环境与行业高质量发展的愿望不相适应、行业治理与行业专业化和职业化发展的要求不相适应。

“十四五”时期是注册会计师行业应对变局，开拓新局，实现高质量发展的关键时期，行业要深刻认识自身发展面临的机遇和挑战，深刻认识自身发展的优势和不足，深刻认识自身转型发展的必要性和紧迫性，总结经验，遵循规律，找准方向，提出举措，确保行业发展始终与党的要求和国家发展同频共振。

二、“十四五”时期行业发展总体要求

（三）指导思想。

高举中国特色社会主义伟大旗帜，深入贯彻党的十九大和十九届二中、三中、四中、五中全会精神，坚持以马克思列宁主义、毛泽东思想、邓小平理论、“三个代表”重要思想、科学发展观、习近平新时代中国特色社会主义思想为指导，全面贯彻党的基本理论、基本路线、基本方略，科学把握新发展阶段，坚持贯彻新发展理念，以服务国家建设为主题，以诚信建设为主线，以改革创新为根本动力，以维护市场经济秩序和公众利益为根本目的，加快构建行业高质量发展体系，服务构建新发展格局，着力推进行业专业化、标准化、数字化、品牌化、国际化建设，充分发挥行业在财会监督方面的职能作用，对标国际一流水平，将行业打造成为现代高端服务业标杆，为全面建设社会主义现代化国家贡献行业力量。

（四）基本原则。

——坚持党的全面领导。坚持党对行业的全面领导、将党的领导贯穿行业改革发展各个方面。坚持和完善党领导下的行业治理体制机制，不断提高行业治理能力和水平，为实现行业高质量发展提供根本政治保证。

——坚持主题主线。以服务国家建设为主题，以诚信建设为主线，不断提升行业服务政治、经济、文化、社会和生态文明建设的新境界。坚持和完善行业诚信制度建设，加强诚信教育和宣传引导，增进市场和公众对行业的专业倚重和道德信赖，在服务国家建设大局中发挥行业职能、实现行业价值。

——坚持维护公众利益。坚持以维护市场经济秩序和公众利益为根本目的，正确处理行业利益和社会公众利益的关系，不断提高行业服务能力，切实发挥行业服务社会、服务国家的职能作用。

——坚持新发展理念。坚定不移贯彻创新、协调、绿色、开放、共享的新发展理念，把新发展理念贯穿行业发展全过程和各领域，转变发展方式，实现行业更高质量、更高效率、更加健康、更可持续、更为平衡的发展。

——坚持深化改革。坚定不移推进改革，破除制约行业高质量发展的体制机制障碍，实施和强化有利于调动全行业积极性的改革举措，持续激发行业发展的内生动力。

——坚持系统观念。加强前瞻性研究、全局性谋划、战略性布局、整体性推进，统筹发展和安全，坚持全国上下一盘棋，更好发挥行业各方面的积极性，着力固根基、扬优势、补短板、强弱项，注重实现发展质量、结构、规模、速度、效益、平衡相统一。

（五）主要目标。

2035年远景目标。到2035年实现注册会计师行业发展水平与我国综合国力和国际地位相匹配，注册会计师行业成为全面领先、具有国际竞争力的高端现代服务业。行业诚信水平、执业能力和执业质量明显提高，促进提高国家经济信息质量、维护市场经济秩序作用更加凸显。行业发展能级和竞争力迈上新台阶。行业人才队伍规模、素质和结构显著优化，会计师事务所整体竞争力强、信誉度高，拥有一批全社会广泛认可的知名度高、影响力强的会计师事务所品牌。行业标准和制度体系更加科学完备。行业基本实现数字化转型。行业执业环境明显改善，公平有序市场竞争机制基本形成。行业治理水平显著提升。注册会计师真正成为令人尊敬的职业，行业公信力、价值与地位、国际话语权以及影响力显著提升。

“十四五”时期主要目标。“十四五”时期，行业进入高质量发展新阶段。面对前所未有的机遇和挑战，行业迫切需要由注重规模和速度的外延式扩张向注重质量和效益的内涵式发展转型，即行业人才建设着力向素质提升转型、会计师事务所着力向做优做特和做专做精转型、行业业务着力向做好传统审计鉴证服务和拓展增值服务并重转型、行业信息化建设着力向数字化转型、行业国际化发展着力向服务国内市场和中国企业“走出去”并重转型。锚定2035年远景目标，综合考虑行业发展环境和发展条件，坚持目标导向和问题导向相结合，坚持守正和创新相统一，立足行业诚信水平提升以及审计质量和专业能力提高，围绕行业转型升级发展，今后五年行业发展要努力实现以下主要目标。

——行业专业化水平取得新提升。专业化是注册会计师行业作为专业服务业的本质特征。以职业道德、职业判断、职业怀疑为核心的专业精神是专业化的核心，专业胜任能力的培育和保持是专业化的基础。未来五年，行业人才队伍的层次、素质和结构进一步优化，基本能够适应行业全面服务国家建设的需要；着力选拔和培养180名左右高端人才，形成梯队合理、可持续发展的行业人才队伍；行业从业人员以专业知识、专业技能为核心的专业胜任能力明显提升，以职业道德、职业谨慎和职业怀疑、追求精进、终身学习为核心的专业精神显著提高，以维护公众利益、诚信、独立、客观、公正和勤勉尽责为核心的专业形象明显提升。

——行业标准化建设取得新成果。专业标准体系更加健全和完善，包括审计准则、职业道德守则、质量管理准则在内的职业准则体系整体保持与时俱进。在实现与国际准则动态互动趋同的同时，增强准则的可操作性。吸收、借鉴新理念、新技术、新方法，提高注册会计师的执业能力，促进行业执业质量和效率的提升。推进专业标准体系贯彻实施到位，发挥专业标准在推动行业规范化、专业化发展方面的“龙头”作用，使之持续成为提升行业诚信水平的重要制度保障。

——行业数字化转型取得新突破。行业标准化、数字化、网络化、智能化水平明显提升，行业产业数字化和数字产业化发展取得明显进展。行业数据标准体系完善，行业数据资源汇集成效显著，行业大数据分析应用水平显著提升。网络安全建设和系统技术架构达到新水平。完成注协机关协同办公系统建设，管理运行效率和知识共享能力明显提升。优化行业管理信息系统，促进管理网络化、服务信息化和程序规范化。行业诚信信息监控体系更加完善，各级各类信息系统互联互通明显改善。大型会计师事务所智能化升级有序推进，中小型会计师事务所作业和管理信息化产品的普及率大幅提高，推进函证数字化发展，会计师事务所通过信息化手段提升审计质量和审计效率。

——行业品牌化建设取得新成效。会计师事务所品牌化建设激励机制较为完善，以创建品牌树立良好信誉的行业文化初步形成，以品牌建设促进执业质量提升成效显现。通过科学有效的品牌激励、管理和评价机制，打造10家左右社会公认信誉好、能力强、质量高且具有较强国际竞争力和影响力的大型优质会计师事务所品牌，打造一批在区域市场或细分领域具有较强竞争力和较高信誉度的中小会计师事务所品牌。

——行业国际化发展取得新进展。职业准则持续保持动态国际趋同，国际趋同原则中互动原则得到充分贯彻。参与国际规则制定和国际组织治理力度加大，在国际审计行业治理和准则制定中的参与度和话语权明显提升。培养一批具备外国语言能力和跨文化沟通合作能力、精通国际会计审计业务的国际化人才。推进会计师事务所国际服务网络建设，提高中国成员所的影响力和全球资源调配能力，为中国企业“走出去”和“一带一路”的实施提供高质量服务。中国注册会计师资质的国际推介成果更加显现，中国注册会计师国际影响力和认可度逐步提升。

三、持续加强行业诚信建设

坚持以诚信建设为主线，强化行业诚信意识，树立行业诚信形象，完善行业诚信体系，夯实行业诚信文化，加强常态化诚信教育，切实把诚信建设要求贯彻到考试、注册、培训、监管等行业管理和服务工作各个环节，贯彻到会计师事务所和注册会计师的执业实践中，真正以诚信驱动行业审计质量提升。

（六）加强职业道德建设。

持续修订完善注册会计师职业道德守则，突出维护公众利益宗旨，严格独立性要求，强化对职业道德基本原则的遵循，推进职业道德与专业素质相结合。推动会计师事务所将从业人员职业道德守则遵循情况作为年度考评晋级的重要参考，切实推动职业道德守则落到实处。

（七）健全行业诚信体系。

完善行业诚信信息监控体系，健全行业诚信档案，完善行业诚信制度，继续公开以奖惩记录为主要内容的行业诚信信息，强化行业诚信约束。倡导行业开展诚信宣誓和自律公约，树立行业诚信形象。进一步完善以职业道德守则为核心、以行业诚信信息监控体系为技术支撑、以行业相关制度为保障、以诚信宣誓和自律公约为引导、以行业党建工作为政治保障的行业诚信体系。

（八）夯实诚信文化建设。

坚持诚信文化建设主题活动常态化，增强行业诚信自觉、诚信自信、诚信自强，促进诚信为本、和谐为轴、专业为重、务实为要的行业诚信文化的形成，实现诚信文化建设与行业发展的紧密结合，推动诚信文化建设落到实处。

四、推动完善行业法律制度体系

坚持以全面依法治国方略为指导，加强行业法治建设，推进行业依法治理，推动完善行业法律法规，建立健全行业管理制度，提高行业审计质量。维护广大会员合法权益，增强全行业法治意识，运用法治思维，依靠法律保障，改进和加强行业管理与服务。

（九）参与、推动行业相关法律法规的修订。

参与、推动加快修订《注册会计师法》，在坚持过罚相当原则的基础上，以区分故意和过失、会计责任和审计责任为切入点，合理界定注册会计师民事赔偿责任，适度加大行业违法违规成本，压实注册会计师和会计师事务所法律责任，针对不依法配合或不法干预注册会计师正当执业的行为设定相应法律责任，探索建立科学合理的职业责任鉴定机制，完善职业责任保险和职业风险基金管理。密切跟踪、深入研究《会计法》《公司法》《破产法》《招标投标法》《合伙企业法》《证券法》等行业相关法律法规和司法解释的修订工作，及时沟通协调有关部门，积极反映行业合理诉求。

（十）健全行业管理制度体系。

立足行业高质量发展，修订注册会计师考试组织管理办法、注册会计师注册办法等行业管理制度，完善行业人才选拔、培养、任职资格检查、执业情况检查等行业管理规范，全方位构建更为健全有效的行业管理制度体系。

（十一）完善职业准则、规则。

与时俱进完善职业准则体系，推动其有效实施，充分发挥其对专业服务的规范和引领作用。拟订完善风险评估、会计估计审计、集团审计、温室气体排放鉴证、特殊目的审计、服务机构鉴证、商定程序等准则。深入研究数字技术对行业服务手段、服务质量、服务效率和服务风险的影响，制订和修订相关准则和规则，提高注册会计师发现和应对舞弊的能力。跟踪准则实施情况，发挥技术咨询作用，及时回应行业关切，跟踪研究解决银行函证问题，指导会计师事务所建立健全质量管理体系。做好实务指南和问题解答工作，提高会计师事务所理解和执行准则的能力，及时提供专业技术支持。

五、完善人才培养机制

继续深入实施行业人才战略，推进行业人才培养向素质提升转型，完善人才培养制度，健全人才培养体系，激发人才创新活力，提升行业人才吸引力，全面提升行业人才队伍的专业服务能力和职业道德水平。

（十二）进一步深化考试制度改革。

紧扣国家对注册会计师人才的需求，对标国际一流水平，坚持职业导向、原理导向和考生友好导向，进一步完善考试基本制度、组织管理制度和质量保证制度。持续优化组织实施流程，推动考试违规行为处理办法等考试组织管理制度修订工作，促进考试工作更加科学化、精细化，不断提高考试组织管理和服务水平。推进题库建设，到2025年初具规模。加强中国注册会计师资质的国际推介，提升国际影响力和认可度。

（十三）深入实施行业高端人才培养工程。

拓展人才培养宽度和深度，构建科学化、规范化、国际化的行业高端人才培养体系，坚持全方面培养、全过程跟进，补齐专业短板。发挥行业高端人才引领作用，促进高端人才反哺行业。持续增加行业高端人才培养数量。不断优化专业领域、分布区域结构，提高国际化、数字化、管理型、复合型等高端人才的比重。优化行业高端人才选拔培养模式，制定和完善高端人才培养制度。建立行业高端人才信息化网络管理平台。加强与相关部门沟通协调，推动行业高端人才激励政策的制定和完善，提高行业引进和培养高端人才的激励力度。

（十四）持续加强行业继续教育工作。

适应社会对注册会计师知识结构、能力水平的要求，加强人才职业化和职业道德培训，修订中国注册会计师胜任能力指南和继续教育制度，完善注册会计师继续教育体系。构建会员培训服务体系，优化各级注册会计师协会、会计师事务所、培训机构等主体的定位分工，充分借助国家会计学院的培训平台功能，提高行业培训资源配置水平。建立多层级人才培养体系和培养机制。开发适应新形势新要求的注册会计师胜任能力全要素模块课程，加强师资库建设。完善非执业会员继续教育制度，推动地方注册会计师协会研究改进非执业会员培训。利用信息网络技术，搭建适应行业新阶段发展要求的继续教育平台系统。

（十五）加强行业后备人才培养工作。

推动行业与高校合作，提高行业在高校的影响力、吸引力。持续做好注册会计师专业方向核心课程师资培训。继续选送优秀学生到国际会计公司实习，进一步完善定向培养制度。各级注册会计师协会与会计师事务所、注册会计师专业方向院校共建实践型教学基地，促进行业师资与高校师资的交流和互动。

六、培育优质会计师事务所

会计师事务所是行业提供专业服务的主体。推进会计师事务所发展向做优做特、做专做精转型，完善会计师事务所内部治理，有效推动和支持会计师事务所提升服务能力。

（十六）推动会计师事务所做优做特、做专做精。

加强政策指导和扶持力度，以做优做特、做专做精为导向，培育一批优质会计师事务所。改革完善综合评价指标体系，研究推出分类评价标准，优化评价指标，规范评价程序，强化评价宣传，推动评价成果应用，将会计师事务所综合评价打造成具有强大公信力和国际影响力的品牌。激励和支持会计师事务所提升综合服务能力。研究出台适合中小会计师事务所特色业务的标准和指引，探索建立中小会计师事务所业务交流机制。支持优特专精会计师事务所的发展壮大。加强中小会计师事务所和欠发达地区会计师事务所的指导和帮扶。支持会计师事务所加大新科技的研发和应用，协调相关部门，探索建立会计师事务所创新研发和科技应用的激励机制，争取与其他行业机构在税收、高新技术资格认定等方面享有同等待遇。

（十七）深化会计师事务所内部治理建设。

修订完善会计师事务所内部治理指南。推动会计师事务所完善内部体制机制，持续提升一体化水平，真正实现人员调配、财务安排、业务承接、技术标准、信息化建设的实质性一体化管理。推动制定会计师事务所一体化水平衡量指标，将之纳入会计师事务所综合评价指标体系，引导会计师事务所切实提升内部管理水平，推动会计师事务所可持续发展。推动会计师事务所建立和完善适合行业高质量发展要求的合伙人（股东）治理机制。倡导会计师事务所树立“人合、事合、心合、志合”的治理理念，形成诚信、合作、民主、和谐的治理文化。

（十八）强化会计师事务所质量控制和风险管理。

对标会计师事务所质量管理准则，推动会计师事务所建立健全质量管理体系，推动会计师事务所建立以职业道德、执业质量为关键标准的业绩评价体系和晋升机制。加强行业风险警示教育，强化会计师事务所风险管理意识，提高行业整体风险警示识别、评估和应对能力。研究制定会计师事务所发布透明度报告制度，提高公众对行业的信任度。推动会计师事务所优化内部质量管理环境，建立崇尚质量、尊重专业的内部文化。

（十九）加强会计师事务所品牌建设。

倡导会计师事务所树立品牌文化，促进会计师事务所提升品牌意识，鼓励和支持会计师事务所将品牌建设与诚信建设、战略实施、文化建设、人才建设、业务发展相结合。建立会计师事务所创建和维护品牌的激励机制，以品牌建设引领和推动行业执业质量提升。构建会计师事务所品牌管理体系，建立会计师事务所品牌监控与评价机制。推动会计师事务所建立健全风险防御机制，为会计师事务所打造“百年老店”品牌保驾护航。

七、加强服务市场建设

继续深入实施行业新业务拓展战略，推动行业业务向传统审计鉴证服务和拓展增值服务并重转型，服务不同层级市场主体高质量发展要求，健全行业服务市场体系基础制度，优化行业执业环境，坚持平等准入、开放有序，形成高效规范、公平竞争的统一服务市场，为行业提升审计质量提供良好外部条件。

（二十）积极拓展服务领域。

研究拓展行业业务范围，指导并推动会计师事务所拓展新业务，开发市场需求，创新服务品种，转变服务方式，扩大行业综合服务供给，行业业务总收入保持年均10%以上的增长。积极发挥行业在数据处理上的传统优势和专业潜力，深化大数据的审计作业应用，灵活运用或自研数据分析工具，拓展基于数据的产品和服务。指导并鼓励会计师事务所服务政府职能转变、财政绩效评价、国企改革、国资监管体制改革、生态环境保护、乡村振兴、财经领域监督、注册制改革、多层次资本市场建设，以及京津冀协同发展、长三角一体化、粤港澳大湾区、长江经济带发展、海南自由贸易港、东北全面振兴、西部大开发、中部地区崛起等区域协调发展战略，加快融入制造业升级、"两新一重"建设和新业态产业发展，助力国家可持续、绿色发展，提高行业在5G网络和相关基建、"大智移云"等新型基础设施建设，生命健康、生物科技、金融科技、新材料等战略性新兴产业，以及法治政府、法治社会建设等领域的服务能力。

（二十一）治理不正当低价竞争。

研究推动政府购买专业服务政策落地，建立公开、透明、无歧视的招投标程序。研究探索改革审计委托机制。推动完善现行招投标制度，推动采用竞争性磋商采购方式，切实改变"低价者得"局面。推动相关部门落实财政部《关于促进政府采购公平竞争优化营商环境的通知》，清理、取消中介机构备选库、入围名单、执业地域限制等限制市场竞争的准入许可，不断提升行业执业环境市场化、法治化水平。加强行业风险教育，引导会计师事务所根据自身执业能力承接业务。加强审计收费的信息报备和监测，对收费明显低于行业平均水平的会计师事务所执业情况进行重点监督检查。严肃整治不顾审计质量、恶意压价竞争，对超出能力范围承接业务、导致审计质量问题的会计师事务所和注册会计师，加大自律惩戒力度。推动会计师事务所完善服务定价机制，建立与工作量、业务风险和服务质量相匹配的服务收费机制。

（二十二）加强行业宣传。

深入开展行业法治宣传教育。建立行业重大事件监测与响应机制。加强行业正面宣传引导，采用多种形式多种渠道，加大对行业执业特征、职能作用、价值贡献、先进事迹、公益活动等的宣传力度，树立行业正面形象，提高会员的归属感和荣誉感，引导社会各界对行业的正确认知，鼓励行业专业人士积极参政议政，为社会经济发展做出贡献，营造促进行业创新发展的舆论氛围。

八、提升行业国际化发展水平

继续深入实施行业国际化发展战略，推进行业发展向服务国内市场和中国企业“走出去”并重转型，对标国际一流水平，加强行业执业队伍、专业标准和服务市场的建设，加大参与行业国际治理的力度，逐步提升行业国际地位和影响力。

（二十三）持续推进准则国际趋同。

跟踪国际准则最新成果，结合行业实际情况，持续健全和完善相关审计准则体系、质量管理准则体系和职业道德守则体系。保持与国际准则动态趋同，加强与国际准则制定机构之间的互动，使国际准则制定机构在制定准则的过程中充分考虑中国的具体情况，为国际准则的完善做出积极贡献。

（二十四）加快拓展国际市场。

顺应国家更高水平对外开放政策要求，推动国内国际会计服务市场的相互协调促进。研究推动出台更多支持会计师事务所发展国际业务的政策措施，更好地为我国企业境外发展提供支持和保障，为外资企业在我国发展提供专业服务。推广会计师事务所国际化发展经验，加强对会计师事务所国际化业务的研究与技术援助。支持会计师事务所自主创建国际网络，在境外设立分支机构或办事处，充分利用国际网络技术管理优势，提升会计师事务所国际业务能力。支持会计师事务所加入国际网络并利用国际网络的资源做好自己的事情，参与国际网络的治理和管理，鼓励加入国际网络的会计师事务所持续发挥国际化优势，提升其在国际网络中的影响力。

（二十五）积极参与会计行业国际治理。

持续大力向国际会计师联合会和亚太会计师联合会推荐优秀专业人士任职，深入参与国际会计师行业改革与发展。完善行业国际交流合作体系，拓展与国际及境外会计师职业组织合作的广度和深度，承办会计师职业高层次、高水平、有影响力的国际会议，有效利用国际资源、借鉴国际经验推动行业发展。完善对外宣传机制，多渠道、多方式宣传中国注册会计师行业，提升行业国际形象与影响力。

九、持续加强行业监管

贯彻“放管服”改革精神，适应行业发展法律环境和政策环境要求，创新监管理念，完善监管制度，健全监管机制，加大监管力度，拓展监管服务，加强监管协同，提高监管成效，以有效监管促进行业诚信水平提高和审计服务质量提升。

（二十六）丰富监管手段。

健全会计师事务所执业异常情况监测机制，探索建立基于前沿信息科技的监管平台与工具，实现风险自动预警功能。健全约谈和质询制度。完善对投诉举报、媒体质疑等事项的处理机制。加大对调查和惩戒信息的披露力度，提高惩戒威慑力。加强监管队伍建设，丰富和完善自律监管措施，健全行业诚信信息监控体系和注册会计师执业监测系统，推动建立涵盖事中事后监管、信用监管在内的综合监管机制。

（二十七）加大监管力度。

加强对会计师事务所、注册会计师审计独立性的监管，强化风险预警和提示。加强对会计师事务所事中事后监管，完善行业执业质量检查制度，持续加强上市公司年报审计监管。优化“双随机、一公开”的检查机制，将随机抽取的比例和频次与会计师事务所的信用水平、执业情况挂钩，对有不良信用记录、执业情况实时监测中发现异常情况的会计师事务所加大抽查力度。实现对审计市场有重大影响的会计师事务所三年一个周期的执业质量检查全覆盖。完善惩戒申诉机制，优化工作流程，加大对会计师事务所关键岗位人员的责任追究力度。

（二十八）拓展监管服务。

深入开展上市公司年度审计情况分析，及时对行业执业风险进行提示。充分利用监管成果，开展综合分析，编发典型案例。加强对会计师事务所从事证券服务业务的评估和辅导，开展执业质量检查回头看，深化周期帮扶机制，加强专业技术支持。

（二十九）强化监管协同。

完善联合监管机制，强化不同监管主体之间的协调联动。推动建立监管主体相互间沟通平台，协调监管行动，统一监管标准，发挥各自监管优势，提高监管效能，促进监管信息和监管成果相互利用，促进财会监督等各类监督形式有机贯通、相互衔接，有效解决多头监管、重复监管问题，形成行政性监管、行业性惩戒和市场性惩罚等措施多管齐下并相互衔接、社会力量广泛参与的严重违法失信联合惩戒格局。

十、深入推进行业信息化建设

以网络强注会为目标，统筹推进“会计师事务所信息化、行业管理服务信息化、协会办公信息化”总体布局，协调推进“标准化、数字化、网络化、智能化”战略布局，实施行业信息化“3456”工程，即3项行业信息化基础任务、4项行业数据应用任务、5项行业管理服务与协会办公信息化任务、6项会计师事务所信息化任务，以信息化推动行业高质量发展。

（三十）加快信息化基础研究与建设。

完善行业信息化建设基础体系，提升行业信息化建设的标准化水平。围绕信息系统的高并发、高可用、高性能和先进性，结合业务逻辑和应用场景，在建设信息系统时，选择安全、稳定、先进的系统技术架构。围绕审计数据采集、审计报告电子化、行业管理服务数据、电子签章与证照等领域，按照继承、发展和创新原则，推动构建科学适用的行业数据标准体系。贯彻落实国家网络安全法，提升网络安全意识和网络安全防护能力，确保应用系统和数据资产安全。

（三十一）提高数据支撑服务能力。

强化数据治理，提高数据质量，推进数据资源整合与共享，提升数据挖掘应用能力，推动行业的数字化转型发展。协调共享会计师事务所执业和行业管理服务所需的财政、银行、工商、税务和公安等政务数据资源，发挥数据生产要素对行业发展的创新引擎作用。以行业管理信息系统为枢纽，探索行业协会与会计师事务所之间数据共享，逐步形成行业数据中心。深化大数据在会计师事务所审计作业中的应用，拓展基于数据的产品和服务。提升行业数据挖掘分析应用能力，服务国家宏观经济运行情况分析与预测。

（三十二）推进行业管理服务与协会办公信息化建设。

优化行业管理信息系统，推动重点业务领域系统建设。完善行业诚信信息监控体系，优化“全面记录、实时监控、有效披露”功能，与注册会计师执业监测系统，共同形成行业社会监督运行机制，成为社会信用体系的有效组成部分。完成注协机关系统协同办公系统建设，提升内部管理运行效率，提高决策效能，实现行业协会之间的公文交换与通讯功能。完善信息化相关制度，促进各级各类信息系统互联、数据共享，形成行业信息系统的网络化生态。

（三十三）加强会计师事务所信息化建设。

按照统筹推进、分类指导思路，围绕会计师事务所治理、质量管理和审计作业等领域，促进自主研发或市场采购，有序推动会计师事务所信息化建设普及和智能化升级，提高信息化治理水平。大型会计师事务所要综合运用现代信息技术，打造覆盖审计全流程的智能审计作业平台及辅助工具，建设覆盖总分所业务管理和办公管理的一体化综合管理系统。中小型会计师事务所要根据业务特色，普及应用审计作业和内部管理信息化产品。探索研究现代信息技术的融合应用，培育新技术、新产品、新业态、新模式。集中行业优势资源，研究推动函证数字化工作。丰富信息化实现路径，搭建行业共享技术平台。

十一、加强行业治理机制建设

坚持“党的全面领导”在行业治理机制中的核心作用，进一步健全行业民主治理制度体系，加强注协系统建设，大力提升行业管理和服务水平。

（三十四）完善行业治理机制。

完善行业治理体制，构建党的领导、法律授权、政府监督、行业自律、科技支撑的行业治理体制，推动行业治理能力提升。深入推进简政放权，适宜由注册会计师协会行使的职能和管理的事务，探索通过职能转移、授权委托和购买服务等方式，剥离和移交给注册会计师协会。坚持行业民主协商、民主决策，坚持发挥会员在行业治理中的主体作用。健全会员代表大会、理事会、监事会和秘书处“三会一层”的治理机制，发挥理事会（常务理事会）和监事会的决策与监督作用，丰富专门（专业）委员会开展专业活动的方式，充分发挥专门（专业）委员会作用。

（三十五）加强注协系统建设。

推进注协秘书处改革发展，加强各级注协秘书处机构建设、队伍建设、作风建设，在党的领导下，充分发挥各级注协“服务、监督、管理、协调”的职能作用。

（三十六）提升行业管理和服务水平。

强化会员发展工作，优化入会程序，提高会员管理和服务的信息化水平。建立健全会员管理和服务的相关制度体系。搭建会员服务数字化平台，全面适时掌握会员数据信息，针对不同地区、不同规模、不同层级的会员需求，提供全方位、多层次、多方式的线上线下会员服务，实现精准服务、靶向管理。规范完善会费政策，加大行业重点领域的投入，提高会费资金的使用成效。完善维权机制，加大维权力度，切实维护会员合法权益。

十二、持续加强行业党的建设

贯彻新时代党的建设总要求和党的组织路线，落实全面从严治党战略部署，加强党对行业工作的领导，建立健全行业党的组织体系建设，促进党建业务相融合，推动行业党建实现新突破，提升党建工作质量，以党的建设促进行业高质量发展。

（三十七）推进落实行业党建制度。

推进落实行业党建工作责任制，完善行业党建责任体系，层层压实党建责任。推进落实行业党内监督制度，建立健全行业纪检机构，探索行业监督执纪工作规范，把党员违法违规及执业惩戒与党内处理紧密衔接起来。推进落实行业党建工作考核制度，巩固完善行业党建工作考核体系，探索行业党建工作考核结果运用。

（三十八）改革完善行业党建支撑体系。

完善行业党务工作者教育培训体系，以行业党校为平台，统一规范、分层分类健全行业党员队伍教育培训体系。构建行业党建信息化管理体系，实现党员和基层党组织统计动态管理、工作实时考核、党员组织关系网上转接、党内政治生活网上开展。

（三十九）夯实会计师事务所党组织基础。

持续整顿软弱涣散会计师事务所党组织，推进全面从严治党落实到每个会计师事务所党支部。推进建立会计师事务所党务业务联席会议，确保党建与业务“同研究、同部署、同落实”。结合信息化建设落实会计师事务所党建工作手册，推进会计师事务所党支部标准化规范化建设。

（四十）加强行业统战群团建设。

贯彻《中国共产党统一战线工作条例》。组织行业从业人员学习领会习近平新时代中国特色社会主义思想，践行社会主义核心价值观。加强行业代表人士队伍建设，坚持“发现、培养、推荐、使用”原则，支持从业人员有序政治参与。创新统战工作载体方法，探索建设具有行业特点的统战工作实践创新基地。夯实基层共青团组织建设，支持各级青年团组织开展助力青年成长成才活动，激发行业青年投身国家建设和行业高质量发展的动力活力。

十三、组织实施

坚持党对行业改革发展的集中统一领导，充分调动一切积极因素，广泛团结一切可以团结的力量，形成合力扎实有序推进行业高质量发展。

（四十一）强化组织领导。

推动行业各级党组织和广大从业人员统一思想，达成共识，充分发挥行业各级党组织战斗堡垒作用和党员先锋模范作用，为规划落实注入动力。牢固树立行业上下“一盘棋”意识，充分调动各级注册会计师协会和各会计师事务所投入到规划落实中来的积极性，形成行业上下步调一致、齐抓共管的强大合力。

（四十二）加强统筹协调。

各级注册会计师协会要加强对本地区行业发展的统筹谋划，建立健全政策协调和工作协同机制，推动行业发展各项政策措施的出台和落实。充分激发会计师事务所、广大注册会计师和从业人员的主体意识和进取精神，进一步发挥其在行业发展中的主体作用，形成促进行业发展的最大合力。

（四十三）确保责任落实。

建立健全对行业规划任务措施的督促落实机制，确保行业规划任务措施落到实处。适时组织实施行业规划实施情况评估，确保党和国家关于行业建设各项决策部署落到实处，确保行业各项改革发展措施执行到位。

（四十四）加强理论研究。

加强行业发展理论与实务研究，为行业建设提供理论支撑和智力支持。充分发挥高等学校、科研院所等智库作用。调动和利用行业内外各方面力量，组织开展行业发展重大问题研究，着力破解行业发展难题。

各省、自治区、直辖市注册会计师协会可以根据本规划，结合本地实际，制定本地区行业发展规划。

第二部分　系列解读

推动变革融合　实现提质增效
合力推动会计事业再上新台阶

——《会计改革与发展“十四五”规划纲要》系列解读之一

合抱之木，生于毫末；九层之台，起于累土。

“十四五”时期，是我国由全面建成小康社会向基本实现社会主义现代化迈进的关键时期。我国会计改革与发展，在“十三五”时期成功开启转型升级之路的基础上，开始步入“十四五”时期以变革融合、提质增效为特征的新阶段，并将在全面建设社会主义现代化国家新征程上发挥更加积极的作用。围绕党中央、国务院和财政部党组对新时期会计工作提出的新要求，全面细化会计改革与发展的各项工作举措并抓好落实，是全行业未来五年必须完成的重要任务。近日，财政部正式印发《会计改革与发展“十四五”规划纲要》（以下简称《规划纲要》），对未来五年我国会计改革与发展作出全面部署。

一、把握机遇，深刻认识《规划纲要》的重大意义

（一）“十四五”时期会计改革与发展机遇和挑战并存。

“十三五”时期会计改革与发展呈现出以下几个亮点：一是落实全面依法治国方略，会计法治建设成效明显。《中华人民共和国会计法》和《中华人民共和国注册会计师法》修订工作取得积极进展，4 项部门

规章修订并有效实施，16 项规范性文件相继出台；会计人员诚信建设扎实推进，良法促进发展保障善治的会计法治环境正在逐步形成。二是着眼高质量发展，会计审计标准体系建设与实施成绩显著。政府会计准则制度体系基本建成并顺利实施；企业会计准则高质量建设和高标准执行相互促进；以规范审计秩序、提升会计师事务所审计质量为主线的审计标准体系持续完善。三是顺应经济社会发展要求，推动会计职能拓展升级，管理会计、内部控制和会计信息化建设迈上更高台阶。四是贯彻人才强国战略，人才质量稳步提升，人才结构不断优化。截至 2020 年底，具备初级会计专业技术资格的人员达到 670.20 万人，具备中级资格人员达到 242.02 万人，具备高级资格人员达到 20.57 万人，分别比 2015 年底增长 79.3%、50.6%、73.1%。五是深化会计审计领域“放管服”改革，持续推动会计管理工作转型，会计服务市场活力充分激发。按照党中央、国务院有关部署，取消会计从业资格行政许可、会计师事务所从事证券期货业务资格审批；在全国范围内推进会计师事务所及分支机构设立审批、中介机构从事代理记账业务审批等审批事项改革，同时在自由贸易试验区进一步加大改革试点力度；进一步加强会计师事务所和代理记账机构及其从业人员的事中事后监管。六是积极参与国际会计标准的制定和国际事务治理，会计国际化进程取得新的突破，中国在国际会计事务和规则制定中的话语权和影响力不断提升。

机遇与挑战同在，成绩与问题并存。在肯定“十三五”时期会计改革与发展取得成绩的同时，我们还应当正视会计管理工作中存在的问题与不足。一是相较于全面依法治国要求，会计法治建设仍有待加强。比如，《中华人民共和国会计法》和《中华人民共和国注册会计师法》滞后于会计改革与发展，行业法治意识有待增强，诚信体系建设有待完善。二是相较于经济社会发展需求，会计审计标准体系建设和实施仍有待加强。比如，面对经济社会发展出现的新情况、新问题，会计审计标准体系需及时跟进，更好发挥会计工作服务经济社会发展大局的效能。三是相较于“放管服”改革要求，会计服务市场管理改革仍需深化。比如，如何改进和加强事中事后监管措施，如何通过专项整治来提升会计师事务所审计质量、引导会计师事务所质量优先发展，如何通过优化服务来促进行业发展，依然是摆在我们面前的重大课题。四是相较于高质量发展要求，会计人才素质仍需提高。比如，具有战略思维、创新能力、国际视野的高端会计人才仍然缺乏，中西部地区会计人才发展水平相对滞后，基层行政事业单位会计力量相对薄弱。这些问题需要在“十四五”时期通过制度创新、体制优化、机制变革切实加以解决。

（二）编制《规划纲要》意义重大。

用五年规划来引领会计改革与发展，是推动全行业做优做强、又好又快发展的有效办法。自 2011 年起，我们先后编制执行了会计改革与发展“十二五”和“十三五”两个五年规划。这两个五年规划在理清会计工作发展脉络、顺应时代进行创新变革、服务经济高质量发展等方面，均发挥了积极作用。“十四五”时期，我国将开启向第二个百年奋斗目标进军的新征程，在这一特定的关键时期，编制好《规划纲要》，是科学指导未来五年会计改革与发展的客观需要，也是推动行业持续健康发展的必由之路。

1. 编制《规划纲要》是立足新发展阶段、贯彻新发展理念、构建新发展格局的重要实践。习近平总书记在党的十九大报告中指出，要“坚持新发展理念”，并将其作为新时代坚持和发展中国特色社会主义的基本方略之一加以强调。党的十九大以来，党中央陆续召开十九届二中、三中、四中、五中、六中全会，围绕贯彻落实新发展理念，加强顶层设计，从国家法治建设、党和国家机构建设、国家治理体系和治理能力现代化建设、五年发展规划和中长期远景目标建设等方面作出具体部署，需要我们贯彻落实到具体工作中、行动中。特别是党的十九届五中全会审议通过的《中共中央关于制定国民经济和社会发展第十四个五年规划和二〇三五年远景目标的建议》，清晰展望了到2035年基本实现社会主义现代化的远景目标，对“十四五”时期我国经济社会发展作出了系统谋划和战略部署，为我们抓住用好重要战略机遇期、战胜前进道路上各种风险挑战、取得新的伟大胜利提供了重要指引。会计工作是宏观经济管理和市场资源配置的基础性工作，必须主动融入国家改革发展大局，深入贯彻落实新发展理念和新发展格局战略构想，牢牢把握新发展阶段的新机遇、新挑战。编制好《规划纲要》，有利于科学谋划好未来五年的会计事业发展，推动行业取得新的发展。

2. 编制《规划纲要》是会计服务财政中心工作、建立更加密切内在联系的重要举措。包括会计信息在内的财会信息是经济发展的“晴雨表”，是营商环境的“检测剂”，是宏观经济决策的重要依据。没有高质量的会计信息支持，就难以实现高质量发展，难以营造更加宽松、公平的营商环境，难以进行更加务实、科学的宏观经济决策。财政是国家治理的基础和重要支柱，会计工作是财政工作的重要组成。《中华人民共和国会计法》明确规定“国务院财政部门主管全国的会计工作”，以法律形式确立了会计与财政的内在联系。《财政“十四五”规划》将“推进会计改革与发展”专设一节进行谋篇布局，充分体现了财政部党组对会计工作重要性的高度认可，这就需要我们通过编制好《规划纲要》，与之呼应，主动将会计工作融入财政中心工作全局中去思考、去谋划。为此，《规划纲要》以《财政“十四五”规划》作为对照，结合会计行业发展形势和需求，立足于当下经济社会发展和技术发展的新形势、新要求，从“切实加快会计审计数字化转型步伐”“大力推动会计职能拓展”等多个方面提出具体任务措施，以更好发挥会计工作的基础性服务功能。

3. 编制《规划纲要》是推动全行业做优做强、又好又快发展的重要保障。经济越发展，会计越重要。随着经济社会的发展，会计工作的重要性日益得到社会认同。同时，经济社会的发展、科学技术的进步对会计工作产生了深刻影响。比如，随着新业态的不断涌现，经济活动的类型日益多元，会计处理方式日趋复杂，如何客观、全面反映经济活动实质成为未来会计工作面临的一项巨大挑战。再比如，随着新技术的发展，会计职能正在从传统的确认、计量、记录、报告向价值管理、决策支持等进行转型，特别是人工智能、电子会计凭证等新技术、新事物的出现，给会计行业带来了深刻变革。为此，认真总结“十三五”时期会计改革与发展成功经验，系统谋划好“十四五”时期会计改革与发展目标任务，事关行业整体发展和2000多万会计人员的切身利益，将为会计行业行稳致远、会计事业蓬勃发展提供重要保障。

“秉纲而目自张，执本而末自从”。编制《规划纲要》意义重大，必须立足行业、着眼长远、服务全局，坚持承前启后，在守正的基础上推动行业创新变革。

二、科学谋划，精心描绘“十四五”时期会计事业美好蓝图

（一）《规划纲要》编制过程。

自2019年11月以来，我们围绕《规划纲要》的编制，分四个阶

段先后开展了以下工作：一是启动阶段。2019 年 11 月，在江苏镇江召开全国会计管理工作会议，对“十三五”时期取得的成绩和存在的问题进行分析，对“十四五”时期发展思路进行展望，正式启动《规划纲要》编制工作。二是准备阶段。2020 年 1 月至 2020 年 12 月，向各级财政部门和中央有关主管单位印发通知，组织进行“十三五”时期会计管理工作的总结评估，征集“十四五”时期会计改革与发展的意见建议，共收集意见建议 300 余条。同时，赴上海作专题调研，为《规划纲要》编制提供支撑材料。三是编制阶段。2020 年 12 月至 2021 年 3 月，贯彻党的十九届五中全会精神，与国家和财政“十四五”规划对标对表，组织开展编制工作，形成《规划纲要》征求意见稿。四是完善阶段。2021 年 3 月至 2021 年 10 月，我们先后通过公开征求意见、网络问卷调查、实地调研、分批座谈、召开专家论证会等形式，广泛征求各方意见建议，进一步修改完善《规划纲要》。

财政部党组对《规划纲要》的编制工作高度重视，财政部党组书记、部长刘昆和财政部党组成员、副部长朱忠明亲自指导，专门就《规划纲要》编制作出重要指示批示，对内容进行了全面审改。2021 年 11 月 18 日，财政部党组会议审议通过了《规划纲要》。我们在充分吸纳各方意见的基础上，于 2021 年 11 月 24 日正式印发《规划纲要》。

（二）《规划纲要》征求意见情况。

一是两次书面征求意见。2021 年 3 月 30 日，我们印发《财政部办公厅关于征求〈会计改革与发展“十四五”规划纲要（征求意见稿）〉意见的函》，征求了各级财政部门和中央有关主管单位的意见，并面向社会公开征求意见。2021 年 7 月 30 日，我们印发《财政部办公厅关于再次征求〈会计改革与发展“十四五”规划纲要（征求意见稿）〉意见的函》，再次重点征求了各级财政部门的意见。二是开展现场调研并组织片区座谈。我们于2021年4月至5月期间，分别赴湖北、广东实地走访了行政事业单位、企业、社会团体等15家单位，同时组织两个片区共16个省、计划单列市财政厅（局）座谈听取意见，充分发挥地方部门智力、信息优势，集思广益完善《规划纲要》的编制。三是开展网上问卷调查。2021年4月10日至5月10日，我们会同上海国家会计学院开展了网络问卷调查，并开发了专用手机客户端，以方便社会各界多渠道参与《规划纲要》的意见征求活动。四是召开专家论证会。2021年9月24日，我们召开《规划纲要》专家论证会。来自实务界、理论界、监管机构的10位专家就《规划纲要》的科学性、可行性和前瞻性进行了全面论证，并给予了充分肯定。2021年9月30日，我们组织召开《规划纲要》专题论证会，来自理论界的6位专家深入论证了“会计职能拓展”的科学性和必要性。

总体来看，社会各界普遍认为《规划纲要》内容全面、措施有效，是一个符合实际、布局科学、任务明确、催人奋进、引领未来的好规划。通过书面征求意见、现场调研座谈、网络问卷调查、专家论证会等多种形式和渠道，我们共获得有效调查问卷1457份，书面反馈意见177份，不重复的意见建议364条。我们本着能采纳的尽量采纳、能吸收的尽量吸收、能覆盖的尽量覆盖的原则，共吸收采纳意见建议159条，相应增加、删除或修改具体表述132处。

（三）《规划纲要》主要考虑。

总体来看，此次《规划纲要》的编制主要从以下方面出发来谋篇布局。

——围绕一个中心。即围绕“变革融合、提质增效”这个中心。变革融合是会计行业运用新技术、融入新时代、实现新突破的必由之路。“变革”强调信息技术在会计、审计及会计管理工作中的运用，以及由此所带来的会计技术、会计工作组织方式、会计职能、会计工作边界、会计工作定位等的变化，是未来一个时期会计改革与发展的显著特征；“融合”强调实现会计服务功能的拓展，在夯实会计工作传统的核算、监督职能、提供高质量会计数据的基础上，对内更好地与微观主体经营管理有机融合，对外更好地与宏观经济管理、财政管理有机融合，是未来一个时期会计改革与发展的必然趋势。提质增效是会计改革与发展的最终目标。“提质”强调聚焦当前会计行业发展中的短板弱项，着重加强会计审计工作质量，以满足经济社会发展对高质量会计审计信息的迫切需要；“增效”强调在抓好会计审计质量建设的同时，要注重增强会计管理工作的效能，为提升国家治理体系和治理能力现代化水平作出应有贡献。

——做到两个对照。即以《中华人民共和国国民经济和社会发展第十四个五年规划和2035年远景目标纲要》和《财政“十四五”规划》为根本遵循，对标对表、落实落地。作为财政工作的重要组成，会计工作必须主动融入经济社会发展大局和财政管理工作全局，以推动高质量发展为主题，科学谋划好未来五年的会计事业发展，以实现更高质量、更加公平、更可持续的发展。

——把握三个立足。即立足于“十三五”时期会计改革与发展的成果，立足于当下经济社会发展和技术发展的新形势、新要求，立足于把握未来五年发展机遇期，规划目标、明确任务、制定措施。

——紧扣四个关键。即牢牢把握会计审计标准制定和实施“两个重点”、切实抓好行业和人才队伍“两个管理”、持续强化法治化和数字化“两个支撑”、努力实现会计职能对内对外“两个拓展”，积极推动我国会计事业取得新成绩、实现新跨越。

——抓住五条主线。即围绕着会计标准建设、会计审计质量建设、人才队伍建设、法治建设，以及数字化建设这五条主线，规划设计未来五年会计改革与发展的具体措施。

（四）《规划纲要》主要内容。

此次发布的《规划纲要》共由四大部分组成。

第一部分为面临的形势与挑战，对“十三五”时期会计改革与发展进行回顾，深入分析了“十四五”时期会计改革与发展面临的形势与挑战。

第二部分为总体要求，提出了“十四五”时期会计改革与发展的指导思想、基本原则和总体目标。

“十四五”时期会计改革与发展的指导思想是：深入学习贯彻习近平新时代中国特色社会主义思想和党的十九大以及十九届二中、三中、四中、五中、六中全会精神，增强“四个意识”、坚定“四个自信”、做到“两个维护”，紧紧围绕服务经济社会发展大局和财政管理工作全局，立足新发展阶段、贯彻新发展理念、构建新发展格局，以推动高质量发展为主题，以深化供给侧结构性改革为主线，以改革创新为根本动力，以维护市场经济秩序和公众利益为根本目的，统筹国内国际两个大局，牢牢把握会计审计标准制定和实施“两个重点”、切实抓好行业和人才队伍“两个管理”、持续强化法治化和数字化“两个支撑”、努力实现会计职能对内对外“两个拓展”，积极推动我国会计事业取得新成绩、实现新跨越，为推进国家治理体系和治理能力现代化，实现社会主义现代化和第二个百年奋斗目标作出新的更大贡献。

“十四五”时期会计改革与发展的基本原则是：坚持党的领导，坚持依法治理，坚持创新变革，坚持融合发展，坚持开放包容。围绕“十四五”时期会计改革与发展，《规划纲要》提出了“主动适应我国经济社会发展客观需要，会计审计标准体系建设得到持续加强，会计审计业发展取得显著成效，会计人员素质得到全面提升，会计法治化、数字化进程取得实质性成果，会计基础性服务功能得到充分发挥，以实现更高质量、更加公平、更可持续的发展，更好服务我国经济社会发展大局和财政管理工作全局”的总体目标，并明确了会计审计标准更加科学、会计审计业实现高质量发展、人才队伍结构持续优化、会计法治更具约束刚性、会计职能实现拓展升级等五方面具体目标。

第三部分为主要任务，围绕总体目标，提出了会计审计标准体系高质量建设与实施、会计审计业高质量发展、高水平会计人才队伍建设、会计法治建设、会计审计数字化转型、会计职能拓展、会计国际治理、会计理论和实务研究等 8 个领域、27 个方面，共 126 项具体措施。一是持续推动会计审计标准体系高质量建设与实施，包括持续完善企业会计准则体系的建设与实施、继续深化政府及非营利组织会计改革、不断完善和有效实施注册会计师职业准则体系等三个方面 28 项具体措施。二是全面推动会计审计业高质量发展，包括依法整治行业秩序、强化行业日常管理、优化行业执业环境、提升行业服务能力等四个方面 23 项具体措施。三是培养造就高水平会计人才队伍，包括健全会计人才评价体系、提高会计人员继续教育质量、抓好会计人才培养重大工程、推动学科发展和学历教育改革、加强会计人才培养基地建设等五个方面 21 项具体措施。四是全面推进会计法治建设，包括加快完善会计法治体系、切实加强会计执法检查、持续推进会计诚信建设等三个方面 10 项具体措施。五是切实加快会计审计数字化转型步伐，包括积极推动会计工作数字化转型、审计工作数字化转型、会计管理工作数字化转型等三个方面 17 项具体措施。六是大力推动会计职能拓展，包括推动会计职能对内拓展和对外拓展两个方面 8 项具体措施。七是全面参与会计国际治理，包括深度参与国际会计标准制定、持续深化多边双边会计交流合作、稳妥推进会计服务市场双向开放、研究资本市场开放相关会计审计政策等四个方面 15 项具体措施。八是加强会计理论和实务研究，包括组织会计理论攻关、完善理论研究机制和深化国际学术交流等三个方面4项具体措施。

第四部分为保障措施，就如何做好《规划纲要》的实施工作提出了相关措施，确保各项目标和重点改革任务落到实处，包括加强组织领导、健全会计管理机构、积极营造良好社会氛围、建立健全考核检查机制等四方面内容。

三、奋楫笃行，严格落实好《规划纲要》各项任务

规划的生命力在于实施。当前和今后一个时期的重要任务，就是充分调动各方面的积极性、主动性和创造性，形成推动实施《规划纲要》的强大合力，将美好蓝图切实转化为发展实效。全行业要积极行动起来，以踏石留印、抓铁有痕的精神，抓实抓细《规划纲要》部署的各项任务。

一是加强宣传学习。做好《规划纲要》的宣传工作，有利于社会各界关注和理解《规划纲要》的各项举措，调动社会各界参与规划执行的积极性，扩大《规划纲要》的影响。我们将组织开展一系列的宣传活动，包括开展系列专题解读、知识竞赛、征文等，力求推动全行业积极参与《规划纲要》贯彻执行。各级财政部门和中央有关主管单位要高度重视《规划纲要》的宣传培训工作，积极交流典型经验、做法和成效，并将《规划纲要》的学习纳入到明年的会计人员继续教育内容中，为全面深化会计改革与发展营造良好氛围和创造有利条件；各单位和广大会计人员要积极学习《规划纲要》，深刻领会《规划纲要》的精神内涵，准确把握《规划纲要》的各项具体工作措施，为《规划纲要》的贯彻落实作好准备；各级会计行业组织要充分发挥联动效应，积极开展《规划纲要》的宣传和学习活动，切实发挥会计行业

组织的引导作用。

二是明确任务分工。我们将编制《〈会计改革与发展“十四五”规划纲要〉任务分工方案》，对《规划纲要》部署的各项工作任务逐一分解，细化目标，明确责任分工，确定牵头单位，推动各有关方面认真抓好落实，确保各项任务能够按期完成。有条件的各级财政部门和中央有关主管单位要结合本地区（部门）具体实际，找准切入点、着力点、创新点，研究制定本地区（部门）会计“十四五”规划或配套政策措施，确定时间表、路线图，形成具体的重点工作任务，采取切实可行的措施，确保有关重大会计改革任务如期完成、取得实效。

三是加强实施保障。各级财政部门和中央有关主管单位要加强统筹，围绕保障《规划纲要》落地生根，加强资金保障和其他政策支持，健全政策协调和工作协同机制；要积极推动《规划纲要》中重大的会计改革与发展举措与本地区（部门）的国民经济和社会发展“十四五”规划、财政“十四五”规划的有效衔接，充分发挥会计在推动经济社会发展中的基础性服务功能；要在日常监督检查过程中，将《规划纲要》的落实情况纳入到监督考核范围之中，定期监测评估《规划纲要》的落实情况，及时发现和解决出现的问题，确保《规划纲要》提出的任务一一落到实处。

“大鹏一日同风起，扶摇直上九万里”。站在“两个一百年”奋斗目标的历史交汇点，全面推进“十四五”时期会计改革与发展的新征程已经开启。全行业将继续辛勤耕耘、奋勇前进，合力推动会计事业再上新台阶，在新时代创造新辉煌。

深化政府及非营利组织会计改革 夯实现代财政制度基础

——《会计改革与发展“十四五”规划纲要》系列解读之二

财政是国家治理的基础和重要支柱，政府及非营利组织会计是财政管理的一项重要基础工作。《会计改革与发展“十四五”规划纲要》（以下简称《规划纲要》）紧密围绕财政中心工作和经济社会发展需要，站在会计改革与发展全局高度，提出了“十四五”时期政府及非营利组织会计改革的总体目标和主要任务，为新阶段政府及非营利组织会计改革工作指明了方向，是做好今后一段时期政府及非营利组织会计准则制度建设工作的行动纲领。

一、“十三五”时期政府及非营利组织会计改革成果丰硕

“十三五”期间，财政部按照党中央、国务院决策部署，立足中国国情，坚持问题导向，积极、稳妥、有序推进政府会计改革，基本建成具有中国特色的政府会计准则制度体系并推动其全面有效实施，同时不断完善非营利组织及基金（资金）类会计标准，圆满完成《会计改革与发展“十三五”规划纲要》确定的各项任务，在服务财政中心工作和促进经济社会健康发展等方面取得积极成效。

（一）政府会计准则制度体系基本建成。

按照国务院批转财政部的《权责发生制政府综合财务报告制度改革方案》的要求，在2015年出台的《政府会计准则——基本准则》基础上，相继印发了存货、投资、固定资产、无形资产、公共基础设施、政府储备物资、负债、会计调整、财务报表编制和列报、政府和社会资本合作项目合同等10项具体准则及2项具体准则应用指南，1项统一适用于行政事业单位的《政府会计制度——行政事业单位会计科目和报表》（以下简称《政府会计制度》），7项行业事业单位执行《政府会计制度》的补充规定及11项新旧会计制度衔接规定，3项政府会计准则制度解释以及事业单位成本核算基本指引，构建了政府预算会计和财务会计适度分离又相互衔接的政府会计核算模式，基本建立起一套与我国现代财政制度相适应的具有中国特色的政府会计准则制度体系。此外，积极参与国际公共部门会计准则建设，不断提升我国在国际公共部门会计标准制定中的话语权和影响力。

（二）政府会计准则制度全面实施并取得积极成效。

政府会计准则制度自2019年1月1日起在全国各级各类行政事业单位全面实施，实施工作总体有序、平稳、顺利，并取得积极成效：一是更加准确反映预算执行情况，提高了部门决算编报质量；二是更加完整反映政府财务状况，为政府财务报告编制奠定了核算基础；三是进一步摸清了政府资产负债“家底”，夯实了行政事业性国有资产报告的编制基础；四是准确反映成本费用信息，为预算单位推进成本核算、完善绩效管理提供了支撑；五是显著提升了行政事业单位财务会计人员的专业素质，促进了单位财务管理水平的提升。

在此过程中，财政部通过印发实施通知、组织宣传培训、联合部门开展调研等方式，多措并举推动政府会计准则制度贯彻实施；同时，建立健全政府会计准则委员会咨询专家机制和工作联系点单位机制，促进准则制度高质量实施。

（三）非营利组织和基金（资金）类会计标准更加健全。

为促进社会组织健康发展，制定发布《〈民间非营利组织会计制度〉若干问题的解释》，进一步明确民间非营利组织有关经济业务或事项的会计处理；配合我国社会保障体系建设需要，修订发布《社会保险基金会计制度》，为更加准确、完整记录“民生账本”提供制度依据；制定发布《住宅专项维修资金会计核算办法》，进一步规范维修资金的会计核算，促进维修资金的规范管理和安全有效使用；审核批准印发《北京2022年冬奥会和冬残奥会组织委员会会计核算办法》，以规范北京冬奥组委的会计核算；对工会会计、土地储备资金会计和职业年金基金会计执行情况等进行深入调查研究，为修订完善相关会计标准奠定基础。

二、“十四五”时期政府及非营利组织会计改革面临的形势和挑战

政府及非营利组织会计是我国会计体系的重要组成部分，建立健全并有效实施政府及非营利组织会计准则制度是我国会计标准建设与实施的重要内容。“十三五”时期，政府及非营利组织会计改革取得积极进展，但随着国家财税体制改革的不断深入和经济社会的不断发展，政府及非营利组织会计改革面临更多机遇和挑战。

（一）财税体制改革不断深化，政府会计准则制度体系建设与实施有待进一步加强。

一是预算管理制度改革要求政府会计改革持续向深推进。2021 年初，国务院印发《关于进一步深化预算管理制度改革的意见》，就进一步深化预算管理制度改革，更好发挥财政在国家治理中的基础和重要支柱作用提出要求。意见指出，要“推动预算单位深化政府会计改革，全面有效实施政府会计标准体系，完善权责发生制会计核算基础”，这就需要进一步完善政府会计准则制度体系，扎实推进政府会计准则制度全面有效实施，更好地为深化预算管理制度改革、建立完善权责发生制政府综合财务报告制度等工作奠定基础。

二是深化国有资产管理对加强政府资产核算提出更高要求。近年来，随着国有资产报告工作的深入开展和《行政事业性国有资产管理条例》等法规制度的出台，对于准确核算和完整反映政府资产“家底”信息提出更高要求。这就需要进一步推进交通、水利和市政等公共基础设施的会计核算，确保增量和存量公共基础设施资产“应计尽计”；深入研究自然资源资产、文物文化资产等传统上仅按照实物量进行统计的资产的计量计价问题，适时出台相关会计准则规范其会计处理，为进一步加强行政事业性国有资产管理提供支撑，不断夯实政府财务报告和国有资产报告编制基础。

三是全面实施预算绩效管理对政府成本核算提出新要求。2018 年中共中央、国务院发布了《关于全面实施预算绩效管理的意见》，提出力争用 3 ~ 5 年时间基本建成全方位、全过程、全覆盖的预算绩效管理体系。随着全面预算绩效管理的建立和实施，政府成本核算问题亟待研究解决。目前，我国尚未建立一套完整的政府成本核算指引体系，需要以事业单位成本核算指引体系建设为基础，积极研究推进政府行政成本核算。

四是财会监督对政府会计准则制度的建设与实施提出新要求。会计准则制度是财会监督的重要依据和准绳，更是党和国家财经纪律在会计领域的具体体现。健全完善政府会计准则制度并推动其全面有效实施，有利于贯彻落实财会监督的相关要求，准确反映财税政策落实情况及政府财务状况，为更好发挥财会监督效能提供制度保障。

（二）社会组织改革与发展深入推进，对非营利组织会计改革提出迫切要求。

一是《民间非营利组织会计制度》（以下简称《民非制度》）亟待修订。《民非制度》自2005年1月1日实施以来，对规范民间非营利组织（以下简称民非组织）会计行为、提高民非组织会计信息质量发挥了积极的作用。但是，《民非制度》实施前我国社会组织数量不足29万家，截至2020年底其注册数量已达89.4万家。在数量增加的同时，非营利组织的体量也在不断增长，业务模式也越来越灵活多样，随着非营利组织自身不断发展壮大，对加强和完善会计核算提出更高要求。此外，随着近年来《中华人民共和国民法典》《中华人民共和国慈善法》《中华人民共和国民办教育促进法》《宗教事务条例》和《境外非政府组织境内活动管理法》等法律法规的出台或修订，非营利组织各行业领域改革工作不断推进，客观上也需要对《民非制度》做出针对性的调整，以更好地实现与相关上位法和各项改革措施的协调。

二是《工会会计制度》亟待修订。原《工会会计制度》自2009年印发以来，在加强工会预算管理、规范工会核算工作、提高工会会计信息质量等方面发挥了重要作用。随着我国工会事业的发展，工会财务管理体制发生较大变化，先后修订或制定了多项涉及工会经费收支管理、工会预决算管理等的制度办法，原制度已不能满足工会会计核算的新要求。另外，在工会组织方面，不同层级的工会组织在业务类型和财务管理要求方面存在较大差异，财政部门、上级工会、工会主席、工会会员也存在不同的信息需求，这就要求对《工会会计制度》进行全面修订，以适应工会组织的发展和各方面的会计信息需求。

（三）社会保障制度及有关社会事业的改革与发展，对基金（资金）会计信息质量提出更高要求。

一是在养老保险制度改革方面，我国已经建立并实施机关事业单位工作人员职业年金制度。近年来职业年金基金相关管理政策不断完善，基金规模快速增长，基金全面投入委托运营，原《社会保险基金会计制度》已经不能完全适应职业年金基金会计核算的需要，亟需对相关会计处理规定作出针对性的调整。

二是在医疗保障制度改革方面，国务院办公厅印发的《“十四五”全民医疗保障规划》明确指出，“十四五”期间，将持续健全完善以基本医疗保险为主体，医疗救助为托底，补充医疗保险、商业健康保险、慈善捐赠、医疗互助等共同发展的多层次医疗保障制度。同时，关于医疗保障的法规制度也在不断健全和完善，《医疗保障法（征求意见稿）》已向社会公开征求意见。因此，亟需跟进医疗保障制度改革进程，适时对《社会保险基金会计制度》进行修订或作出补充规定。

三是随着土地储备、住房公积金、道路交通事故社会救助基金等改革及相关管理政策的调整和完善，需要适时修订完善《土地储备资金会计核算办法（试行）》《住房公积金会计核算办法》，制定道路交通事故社会救助基金等会计核算办法，以满足相关社会事业改革与发展的需要。

三、“十四五”时期政府及非营利组织会计改革工作重点及具体举措

《规划纲要》在总结成绩、分析形势的基础上，提出了继续深化政府及非营利组织会计改革的目标和任务，从健全完善政府会计准则制度体系并推进全面有效实施、修订完善非营利组织会计制度、进一步建立健全基金（资金）类会计标准等方面明确了“十四五”期间政府及非营利组织会计准则制度体系建设的主要举措。

（一）继续健全完善政府会计准则制度并推动其全面有效实施。

1. 全面系统梳理政府会计准则制度体系并确立体系维护机制。立足当前，着眼长远，坚持问题导向和系统思维，全面梳理现存的各类政府会计标准，及时清理已实质失效或不再适用的政府会计标准文件，确立政府会计准则制度体系整体框架及各类会计标准的维护机制，形成“建设－实施－修订”的完整闭环，确保各类准则制度内容完整、相互协调、功能明确、定位清晰。在准则制度体系框架下，持续完善各类会计标准。

2. 研究制定有关政府会计具体准则。在立足我国国情、借鉴国际公共部门会计准则基础上，结合国务院有关部门对自然资源资产和文物文化资产管理的规定和相关改革需要，深入研究自然资源资产、文物文化资产的确认、计量和报告问题，适时出台相关具体会计准则，进一步规范会计科目和账务处理，妥善处理存量资产的新旧会计政策衔接，积极推进自然资源资产、文物文化资产入账核算。进一步研究财务会计中政府收入的分类问题，以及权责发生制原则下各类收入的

确认和计量问题，适时制定出台政府收入会计准则。根据改革需要制定或修订其他政府会计具体准则。

3. 研究制定行政事业单位成本核算具体指引。在《事业单位成本核算基本指引》基础上，研究制定针对公立医院、高等学校、科学事业单位等行业的成本核算具体指引，就相关行业的成本核算对象、成本项目、成本范围、成本归集和分配方法、成本报告内容等作出具体规定，以提高成本核算指引的指导性和操作性。会同有关行业主管部门扎实推进事业单位开展成本核算，推动有关各方加强对单位成本会计信息的分析应用。同时，积极探索研究行政单位成本核算的相关问题，为准确核算机关运行经费，全面反映行政成本奠定基础。

4. 做好政府会计准则制度解释和咨询工作。政府会计准则制度解释是及时回应和解决政府会计准则制度实施相关问题、健全完善政府会计准则制度体系的必要举措，根据工作需要每年至少发布1项。在制定政府会计准则制度解释时，需要通过多种渠道、广泛收集整理政府会计准则制度实施过程中的问题，分析研究后对影响面广、现有准则制度尚未明确的问题及时作出具体规定，以确保政府会计准则制度平稳有效实施。对于未纳入政府会计准则制度解释的其他问题，建立咨询问题库，适时通过财政部网站“实施问答”栏目予以明确。同时，积极做好日常电话咨询问题和网民留言咨询问题的答复工作。

5. 扎实推动公共基础设施入账核算。针对存量公共基础设施入账难的现实情况，在深入开展调查研究基础上，根据《政府会计准则第5号——公共基础设施》和其他相关政府会计准则制度规定，会同有关行业主管部门研究制定进一步加强水利基础设施、市政基础设施和其他公共基础设施政府会计核算的通知，进一步明确核算范围、记账主体、资产分类及明细核算、存量资产初始入账方法等，积极推动交通、水利、市政等公共基础设施在“十四五”期间全部入账核算。

6. 持续推动政府会计准则制度全面有效实施。在总结政府会计准则制度实施经验基础上，进一步加强对准则制度的宣传培训和实务指导，着力解决会计人员学习不及时、理解有偏差、操作不规范等问题，切实提高政府会计准则制度实施的全面和有效性。一是加强培训。按年度设置培训计划，通过线上培训等方式扩大培训范围，积极支持各级财政部门和有关行业主管部门开展政府会计准则制度培训工作。二是加强宣传。以会计司有关负责人答记者问的形式及时对有关新准则制度进行解读，加深会计人员对准则制度的理解；总结提炼政府会计准则制度实施过程中的典型案例和先进经验，通过会计司官网、报刊杂志等媒体进行宣传，为部门单位加强政府会计工作提供参考和借鉴。三是加强调研。通过书面调研、实地调研等方式及时了解准则制度实施过程中的问题，根据实务需要适时发布有关应用案例和实施问答，设置具体业务场景，帮助会计人员正确理解、使用会计准则制度。四是加强指导。对于有关特殊行业因体制机制等问题影响政府会计准则制度实施的，会同有关行业主管部门进行针对性地指导；对于县级及以下单位存在的实施问题，积极指导地方财政部门通过预算管理一体化建设等手段帮助基层单位做好准则制度实施工作。

7. 健全完善政府会计准则制度建设与实施机制。一是根据工作需要调整政府会计准则委员会组成人员，适时编发简报，继续发挥委员会在准则制度建设和实施中的协调机制作用。二是做好政府会计准则委员会咨询专家选聘和日常管理、评价工作，完善工作机制，充分发挥咨询专家的“智库”作用。三是调整充实政府会计准则制度建设和实施工作联系点单位，加强调研和互动，充分发挥联系点单位的辐射引领作用。四是建立政府会计准则制度建设和实施部门沟通联系机制，合力推进准则制度在各部门、各行业领域全面有效实施。五是加强与各地会计管理机构的沟通与联系，积极指导各地做好准则制度实施工作。通过上述措施，形成部门紧密协作、财政上下联动、单位点面结合、社会广泛参与的政府会计准则制度建设与实施机制。

（二）适应非营利组织改革发展需要，修订完善非营利组织会计制度。

1. 修订《民非制度》。在充分梳理相关法律法规要求，听取有关主管部门、各类民非组织意见建议，借鉴国际先进经验基础上，稳步有序推进《民非制度》修订和实施工作。建立包括主管部门、民非组织、中介机构和研究机构等在内的工作团队开展调查研究，通过组织研究课题、广泛开展实地调研和组织座谈等方式，充分了解制度执行情况和会计核算需求，确定《民非制度》的修订方向及具体方案。在广泛征求各方意见的基础上，修订印发《民非制度》。配套出台制度新旧衔接规定，并做好宣传培训、政策解读等工作。会同有关主管部门做好修订后《民非制度》的贯彻实施工作，及时回应执行过程中的问题。

2. 修订《工会会计制度》。结合工会组织财务管理体制改革要求、工会会计实务发展现状和会计信息使用需求，会同全国总工会对各级工会组织广泛开展调研及座谈，确定《工会会计制度》的修订方向及具体方案，在广泛征求各方意见的基础上，修订印发《工会会计制度》。制定发布工会新旧会计制度的衔接规定，选取部分工会开展新旧衔接模拟测试，确保新旧制度衔接顺畅、过渡平稳。会同全国总工会印发贯彻实施《工会会计制度》的通知，指导各级工会组织扎实做好新制度实施的准备工作。加强对新制度的政策解读和宣传培训，积极指导各级财政部门和工会组织开展培训工作，使各级工会财会干部尽快熟悉和掌握新制度。持续跟踪《工会会计制度》实施情况，及时研究和回应制度实施过程中发现的问题。

（三）进一步建立健全基金（资金）类会计标准，满足改革发展需要。

1. 制定机关事业单位职业年金基金相关业务会计处理规定。结合职业年金基金相关管理政策规定，在调查了解会计核算现状及问题基础上，制定印发《机关事业单位职业年金基金相关业务会计处理规定》，同步做好政策解读。会同人社部门加强宣传培训，确保新旧衔接有序进行，推动规定有效实施。持续跟踪规定的执行情况，及时研究和回应实施过程中发现的问题。

2. 适时研究修订或制定相关基金（资金）会计核算办法。顺应医疗保障制度改革需要，适时对《社会保险基金会计制度》进行修订或作出补充规定，进一步明确新增险种、新增业务的会计处理规定。顺应土地储备、住房公积金、道路交通事故社会救助基金等改革需要，结合有关财务和资产管理规定，适时修订完善《土地储备资金会计核算办法（试行）》《住房公积金会计核算办法》，制定道路交通事故社会救助基金等会计核算办法。在全面梳理现行基金（资金）类会计核算标准基础上，研究探索建立我国统一的基金会计标准体系。

四、密切配合，确保“十四五”时期各项任务取得实效

（一）高度重视，压实政府及非营利组织主体责任。

各级各类行政事业单位和非营利组织负责人要认真落实《中华人民共和国会计法》关于“单位负责人对本单位的会计工作和会计资料的真实性、完整性负责”的规定，高度重视本单位的会计工作，积极

推进准则制度全面有效实施。各单位要把建立高素质的会计人员队伍摆在重要位置，要完善会计机构、充实会计人员，支持、鼓励本单位会计人员参加培训，及时跟进、认真学习贯彻各项政府及非营利组织会计准则制度，提高会计人员的专业胜任能力。要积极促进业财融合，加强会计核算与预算管理、决算管理、资产管理、政府采购、合同管理和工资发放等数据的连接，推动会计核算为单位管理提供信息支撑。要畅通信息传递渠道，加强会计人员采集业务活动信息的准确性和便捷性，为资产成本确定、单位成本核算等提供数据支撑。

（二）紧密协作，充分发挥行业主管部门的协调作用。

有关行业主管部门要高度重视本行业领域的会计工作，加强与财政部门的沟通协调，积极配合财政部门开展准则制度宣贯工作。要结合本行业特定业务场景探索多元化的宣传培训模式，及时总结行业内的先进经验和做法并加以推广，推动会计人员深刻领会政府及非营利组织会计准则制度的有关规定。要加强对本部门（单位）、本领域政府及非营利组织会计准则制度实施情况的调查研究，对于本部门（单位）、本领域发现的实施问题，根据问题类型及时回复或反馈财政部会计司进行研究，协力推进政府及非营利组织会计准则制度建设。

（三）上下联动，充分发挥各地财政部门的推动作用。

会计准则制度的贯彻实施，离不开各级财政部门特别是会计管理机构的大力推动。省以下各级财政部门要采取切实措施，向社会有关方面广泛宣传依法加强会计工作和遵循国家统一的会计制度的重要意义，引导社会有关方面重视和支持会计工作。要多措并举加强宣传培训，及时宣讲政府及非营利组织会计准则制度的制定背景、主要内容等，加强师资力量培养，确保本地区准则制度落地不留死角、不走形变样。要加强与同级相关主管部门和单位的沟通与协调，以联系机制、工作小组等形式，因地制宜提出在行业内贯彻落实准则制度的方案和举措，齐抓共管形成合力。要加大调查研究和督查力度，及时发现本地区准则制度实施存在的问题，加强对各单位贯彻实施国家统一的会计制度的督促指导。要加强与财政部会计司的沟通和联系，及时反映准则制度实施情况及问题。各地财政部门之间要加强经验交流与分享，互通有无，共同推动会计准则制度全面有效实施。

（四）社会参与，营造会计准则制度建设实施的良好氛围。

政府及非营利组织会计准则制度高质量建设和实施离不开社会各方面的参与和支持。鼓励社会各界积极参与准则制度研究、征求意见、模拟测试、实施等各个阶段，积极反馈问题，提出政策建议。鼓励专家学者、高等学校或研究机构等加强前瞻性的学术研究，突出问题导向，为政府及非营利组织会计改革提供理论支持和政策储备。鼓励社会各界加强对实务经验的总结和分享，发挥辐射引领作用。鼓励各类专家利用工作平台和各种机会宣传准则制度并推动其有效实施，营造准则制度实施的良好氛围。

推动改革创新　提高服务效能
实现企业会计准则体系建设与实施高质量发展

——《会计改革与发展“十四五”规划纲要》系列解读之三

经济越发展，会计越重要。企业会计准则是企业开展会计活动、生成会计信息的基本依据，是国际国内资本市场通用的商业规则和技术语言，更是国家统一的会计制度的重要组成部分。企业会计准则体系的建设与实施关系企业经营活动成果的准确计量与真实反映，直接影响企业生成和提供的会计信息质量，对于完善市场经济运行机制、引导社会资源合理配置、保护投资者和社会公众利益具有重要而深远的影响。

会计作为宏观经济管理和市场资源配置的基础性工作，在当前我国经济深入融合全球经济以及我国经济高质量发展的进程中，面临难得的发展机遇，同时也面临着诸多挑战。“十四五”时期，要紧紧围绕服务经济社会发展大局和财政管理工作全局，统筹国内和国际两个大局，立足新发展阶段、坚持新发展理念、服务新发展格局，将企业会计准则体系建设与实施两个重点往纵深推进，融入新时代、实现新突破，向更高水平迈进。

一、“十三五”时期企业会计准则体系建设与实施稳步推进

“十三五”时期，企业会计准则体系持续完善，保持与国际财务

报告准则持续趋同的总基调，收入、金融工具等11项具体准则及5项准则解释修订印发并得到有效实施，建立企业会计准则实施机制以积极回应并解决会计准则实施中的技术问题，为助力供给侧结构性改革、服务经济社会和资本市场健康发展提供高质量会计信息支持。

（一）企业会计准则相关规定持续完善。

“十三五”期间，财政部始终在坚持国际趋同和服务国内实践的基础上，持续做好企业会计准则相关规定的建设完善工作，不断完善企业会计准则相关规定。

1. 坚持高质量建设，牢牢把握会计准则国际趋同和适应我国国情的需要，制定或修订企业会计准则、解释及应用指南。一是先后修订印发了收入、金融工具系列、保险合同、租赁、政府补助、非货币性资产交换、债务重组、持有待售等11项具体准则，并编写了相关准则应用指南，切实解决我国企业相关会计实务问题，并实现我国企业会计准则与国际财务报告准则的持续全面趋同。二是先后制定印发了企业会计准则解释第9号至13号共5项准则解释，内容涉及权益法下投资净损失、固定资产和无形资产产生收入为基础的折旧和摊销方法、关联方认定、企业合并中业务的判断等方面，及时解决企业会计准则实施中遇到的新情况、新问题。

2. 积极主动作为，服务国家改革战略和服务财政工作大局，出台配套会计制度。一是为贯彻落实国家化解过剩产能、“三去一降一补”五大任务精神，制定规范“三去一降一补”业务会计处理规定。二是为贯彻落实国家加快处置“僵尸企业”、实现市场出清精神，制定企业破产清算会计处理规定。三是为服务国家“营改增”重大改革，制定增值税会计处理规定。四是为服务国家加强知识产权强国建设，会同国家知识产权局制定知识产权相关会计信息披露规定。五是为服务我国碳排放权交易的开展，制定碳排放权交易有关会计处理暂行规定。六是为规范永续债及其他类似工具的会计分类，制定永续债相关会计处理规定。七是为简化新冠肺炎疫情相关租金减让的会计处理、减轻企业负担，制定新冠肺炎疫情相关租金减让会计处理规定。

3. 及时反映准则要求，解决企业编制财务报告中的问题，全面规范财务报表列报。财政部先后修订印发了一般企业财务报表格式、金融企业财务报表格式、合并财务报表格式，统一企业对外提供财务报表的格式和内容标准，提高会计信息质量。

（二）企业会计准则体系有效实施。

“十三五”期间，在健全完善我国企业会计准则相关规定的同时，财政部高度重视准则的贯彻实施工作，持续加强会计实务指导，推动准则落地见效。目前，我国企业会计准则体系已在上市公司、金融机构以及大部分大中型国有企业范围内得到较好实施，在提高会计信息质量、提升企业管理水平和服务宏观经济治理等方面，起到了积极作用。

1. 建立会计准则实施工作机制并发挥重要作用，及时了解准则实施效果，切实解决准则实施问题。一是会同国资委、银保监会、证监会等部门建立企业会计准则实施联席会议机制，沟通准则实施和相关监管中的问题，协调监管立场。二是会同企业、会计师事务所等实务界建立企业会计准则实施技术联络小组会议机制，研究并解决准则实施重点难点技术问题。三是针对收入、金融、保险等重点准则建立准则实施工作组机制，研究解决重点准则实施中的难点痛点堵点。

2. 广泛收集准则实施问题，积极回应解决，加大准则实务指导力度。一是研究建立企业会计准则实施快速反应机制，及时广泛收集准则实施问题。二是针对准则实施中普遍关注的问题，通过准则应用案例、实施问答、网民答复等多种灵活多样形式，分层分类研究解决，以提供技术指引、有效指导实务。

3. 加强会计准则宣传培训，对准则实施重点难点讲解，提升准则实施效果。联合银保监会、证监会等有关部门探索会计准则线上培训方式，讲深讲透重难点准则中重点难点问题，强调准则实施需关注事项，引导实务提高准则实施质量。

（三）积极发挥会计准则委员会在企业会计准则制定中的作用。

“十三五”期间，会计准则委员会稳步推动各项工作，助力企业会计准则体系建设。

1. 跟踪国际财务报告准则最新进展，深入开展国际财务报告准则研究，组织召开、积极参与会计国际交流会议，向国际会计准则理事会反馈意见。

2. 持续推进会计准则动态编写工作，跟踪国际会计准则理事会准则项目最新动态、欧美等主要经济体会计准则最新动态、国际会议最新情况、咨询委员会观点摘编等。

3. 重新梳理外部咨询专家组织框架，重新组建第一届、第二届企业会计准则咨询委员会，发挥咨询委员在企业会计准则建设过程中的咨询和智力支持作用，实施国际化高端会计人才培养工程，为服务我国企业会计准则的建设贡献力量。

二、当前企业会计准则体系建设与实施面临的形势及其影响

习近平总书记指出，面对复杂形势和艰巨任务，要全面把握世界面临百年未有之大变局和中华民族伟大复兴战略全局。当前，我国经

济已经与世界经济深度融合，国内全面深化改革正稳步推进，对企业会计准则体系建设和实施提出了新的更高要求。我们必须提高站位、审时度势，深刻认识企业会计准则体系建设和实施所面临的形势及其影响。

（一）服务经济高质量发展，提升我国经济的创新力和竞争力，需要企业会计准则体系及时跟进。

当前，我国经济增长已由高速增长阶段转向高质量发展阶段，正处在转变发展方式、优化经济结构、转换增长动力的攻关期，坚持质量第一、效益优先，以供给侧结构性改革为主线，推动经济发展质量变革、效率变革、动力变革，提高全要素生产率，不断增强我国经济创新力和竞争力。在我国经济不断深化改革的进程中，经济业务事项的变革必然引起会计核算、会计理念等发生转变，并对会计信息披露提出了新的更高需求，迫切需要企业会计准则建设同步跟进。与此同时，随着新一轮科技革命和产业变革深入发展，传统制造业正与大数据、人工智能、互联网、云计算等新经济新技术深度融合，经济转型升级和创新发展中新的商业模式层出不穷，将深刻影响会计政策的发展与走向，客观上需要企业会计准则建设同步革新，反映经济业务发展趋势。

（二）服务资本市场全面深化改革，需要企业会计准则体系作为制度保证。

当前，我国正在推进资本市场全面深化改革，市场配置资源的决定性作用显著增强，特别是股票发行注册制改革坚持以信息披露为核心，以财务会计报告为载体的会计信息则是信息披露的重要内容。上市公司依据企业会计准则进行确认、计量、并生成财务会计报告，投资者据此进行价值判断与做出投资决策。高质量的企业会计准则建设有助于促进资本市场优化资源配置，有助于充分保护广大投资者的权益。

（三）服务财会监督职能，需要企业会计准则体系作为评判准绳。

企业会计准则是国家统一的会计制度的重要组成内容，是国务院财政部门依法履行会计管理职能、开展会计监督的重要依据，更是党和国家财经纪律在会计领域的具体体现。高质量的企业会计准则体系，将为深化财会监督、维护财经法纪提供更加科学有效的评判准绳，维护准则的权威性。

（四）服务提高国际双向投资水平、促进国内国际双循环，需要企业会计准则体系作为重要规则标准。

当前，我国要加快构建以国内大循环为主体、国内国际双循环相互促进的新发展格局，会计准则是国际通用的商业语言，也是促进国内国际贸易和资金畅通、实现共同发展的重要的“基础设施”。我国企业会计准则实现与中国香港、欧盟、英国等国家或地区的等效趋同，为我国企业降低海外上市融资成本、“走出去”更好地利用国际资本市场提供了基础条件支持。基于我国企业会计准则体系建设国际趋同的战略，应当持续关注国际财务报告准则的改革和变化，顺时应势，深度靠前参与国际财务报告准则的研究制定，积极借鉴国际财务报告准则的成果，结合我国国情和企业实务发展实际需求，持续修订和完善我国企业会计准则体系。

（五）服务构建会计改革与发展新格局，需要企业会计准则体系提供有力支撑。

会计信息在经济发展、营商环境优化和宏观经济决策方面发挥着越来越重要的作用。会计基础性服务功能得到充分有效发挥，实现会计行业更好服务我国经济社会发展大局和财政管理工作全局，离不开企业会计准则体系的高质量建设和有效实施。这客观上要求我们从会计行业当前和未来一段时间整体发展方向考虑，不断完善企业会计准则体系，推动企业会计准则体系有效实施，提高企业会计信息质量，为构建新时代我国会计改革与发展新格局提供有力支撑。

三、“十四五”时期企业会计准则体系建设与实施的工作重点和具体举措

《会计改革与发展“十四五”规划纲要》明确提出了“持续完善企业会计准则体系的建设与实施”的具体任务，并分别从企业会计准则体系建设和实施两个方面提出10项具体举措，是指导我们做好“十四五”时期企业会计准则体系建设和实施的重要依据和行动指南，必须认真对照、全面贯彻、统筹推进、抓实抓好。

（一）持续推动企业会计准则体系高质量建设。

1. 全面梳理并修订我国企业会计准则体系，明晰体系内各层级准则制度的框架和内容。企业会计准则体系是企业会计准则建设和实施的纲领性、框架性结构，对于企业会计准则建设和实施具有顶层设计、统驭全局的作用。2006年以来，我国陆续发布了1项基本准则、42项

具体准则、15项准则解释，以及具体准则的应用指南、会计处理规定、有关准则实施的贯彻落实通知等。通过系统梳理、修订完善企业会计准则体系，明确各层级准则制度的文件类型、规范内容、体例规则等，进一步明晰各层级准则制度的边界，以更好指导企业会计准则制度建设规范化发展，切实维护准则体系的权威性。

2. 加强企业会计准则前瞻性研究，主动应对新经济、新业态、新模式的影响，积极谋划会计准则未来发展方向。随着我国经济社会的快速发展，创新驱动战略的深入推进，传统制造业经济正与大数据、人工智能、移动互联网、云计算等新经济新技术深度融合，新的商业模式层出不穷，这对传统的会计核算产生了挑战。为了更好的反映这些新经济、新业态、新模式，需要主动加强企业会计准则的前瞻性研究，紧跟时代发展趋势，密切跟踪当前经济社会中的热点问题，如数据资源等，形成有价值的研究成果，为会计改革及相关政策制定提供有力支撑，从而不断完善企业会计准则体系，为核算新的商业模式等提供标尺。

3. 紧密跟踪国际财务报告准则项目进展和国内实务发展，找准企业会计准则国际趋同和解决我国实际问题之间的平衡点和结合点，更好地促进我国企业创新和经济高质量发展。要密切跟踪研究国际财务报告准则的最新发展，在重要准则项目和重大技术问题上积极表达我国的观点和关切，讲好中国会计故事，发出中国会计声音，主动引领国际财务报告准则的发展方向。立足我国实际、满足中国社会经济发展的需要，是我国企业会计准则建设的根本宗旨。要以切实解决我国会计实务问题为主导，坚持"趋同不是简单地等同"和"趋同是一种互动"等重要原则，在趋同过程中切实维护国家利益，有效评估国际财务报告准则在我国具体实务中的适用性，及时有效地解决我国会计实务问题和有关诉求，不断完善企业会计准则建设质量，更好服务我国经济高质量发展。

4. 根据国内实务发展和国际趋同需要，定期更新准则汇编、应用指南汇编，研究制定企业会计准则解释，研究修订会计科目和报表格式。制定高质量的企业会计准则、解释、应用指南、会计处理规定等是企业会计准则体系建设的首要任务。根据国际财务报告准则发展动向以及我国企业实务发展需要，修订完善企业会计准则及其应用指南，提高实务指导的针对性、可操作性。定期梳理更新后的准则、解释、会计处理规定、应用指南，形成准则汇编、应用指南汇编，为实务界提供更加及时、准确、权威、便捷的案头工具书，切实维护准则体系的权威性、准确性与实用性。根据国内实务需要，根据准则修订情况进一步研究修订会计科目，明确具体会计科目和主要账务处理要求，推动准则更准确落地实施；研究修订企业财务报表格式，统一企业对外提供财务报表的格式和内容标准，增强企业对外提供报表的约束刚性，提高会计信息的一致性、可比性。

5. 整合社会多方力量参与企业会计准则制定的研究工作，加强企业会计准则与监管、税收等政策的协调，增强企业会计准则制定的针对性和适用性。坚持共商共建，分层协同发力，在准则制定起草过程中充分听取监管部门、行业协会以及报表编制者、使用者、会计师事务所、理论学者等各方意见，并加强准则与监管要求、实务做法的协调；从理论研究、技术分析、政策把控等不同层面，持续加强同学术界、实务界、监管部门、行业协会等的联系，分工协同、同向发力，促进各方关注和参与准则研究工作。

6. 健全完善适用于中小型企业的会计准则体系。随着社会主义市场经济的发展以及企业会计准则体系的不断完善和国际趋同的稳步推进，我国越来越多的企业已经执行企业会计准则或者小企业会计准则。自20世纪90年代以来，我国企业会计准则与企业会计制度长期并存发展，在社会经济发展中各自发挥着相应的作用，目前仍有部分企业在执行企业会计制度。要进一步研究企业会计制度的下一步走向，根据我国经济结构特点和企业发展需要，探索建立适用我国中小型企业的会计准则体系。

7. 充分发挥会计准则委员会在企业会计准则制定中的作用。一是持续深入开展国际会计准则研究，整合咨询委员、国际化高端会计人才培养工程学员等多方力量，为我国参与国际财务报告准则制定提供有力技术支撑。二是加强会计前瞻性问题研究，及时对新业态、新模式产生的会计问题进行技术研究，为我国企业会计准则建设提供前瞻性研究成果。三是持续做好企业会计准则咨询委员管理和国际化高端会计人才培养工作，加强队伍建设，发挥智库作用，服务我国会计准则建设工作。

（二）持续推动企业会计准则体系高质量实施。

1. 完善企业会计准则制度执行的运行框架，加强企业会计准则实施前模拟测试，建立适合我国的企业会计准则实施评估机制，确保企业会计准则体系的有效运行。通过“制订完善、指导实施、强化监管”三个主要环节之间的有机衔接、相互促进，建立健全企业会计准则闭环工作机制，提升准则执行效果，提高会计信息质量，服务经济社会发展。加强新准则实施前模拟测试，选取相关重点企业开展准则实施前模拟测试，了解掌握新准则实施预期影响和经济后果，及时发现新准则实施可能出现的新问题新情况，合理确定新准则实施时间和范围。结合经济社会发展、会计实务和国际趋同需要，研究建立适合我国的企业会计准则实施评估机制，适时对具体准则进行评估，提出改进计划和未来工作安排，推动提升企业会计准则体系建设和实施质量。

2. 优化企业会计准则实施快速反应机制，及时跟踪企业会计准则实施情况，进一步建立健全企业会计准则实施问题收集渠道，做好上市公司财报分析工作，加强企业会计准则应用案例、实施问答等实务指导，及时回应市场关切。坚持以人民为中心理念，从满足实务界日益增长的对准则实施指导的需要出发，不断优化企业会计准则快速反应机制，及时回应社会关切。建立健全并拓展企业会计准则实施问题收集渠道，及时广泛关注并收集准则实施问题。进一步细化准则实施问题解决路径，针对不同渠道、不同类型、不同层次问题分类、分层解决，提高问题解决的及时性、针对性、适用性。针对具有普遍性、代表性准则实施问题研究形成准则应用案例、实施问答，用于指导实务；针对难以通过案例或问答快速解决的问题，需要通过制定解释、修订准则解决的问题的，通过立项深入研究制定相关准则、解释。开展相关企业年报分析工作，系统了解企业会计准则实施质量，及时发现准则实施中的新情况、新问题，有效反映经济政策落地见效成果和宏观经济发展形势，为政策决策提供支持和参考。

3. 继续发挥由政府监管部门、企业、会计师事务所、理论学者等多方参与的企业会计准则实施机制的作用，探索建立常态化联合解决问题机制，加强信息共享与沟通，提高企业会计准则执行效果。坚持兼听则明、广开言路的企业会计准则建设和实施理念，在准则实施中充分听取来自监管界、实务界、理论界的不同角度的准则建设和实施相关意见建议。继续发挥企业会计准则实施联席会议机制、企业会计准则实施技术联络小组机制等作用，探索建立准则实施重要问题沟通会商机制，加强信息共享与沟通，注重共商共建，加大准则实施重难点问题研究解决力度，充分发挥会计工作服务经济社会高质量发展的基础性作用。

四、落实具体举措的有关要求

（一）企业要认真学习理解并严格执行企业会计准则，从源头上夯实会计准则落地根基。

企业应当切实履行会计信息质量主体责任，建立健全会计信息质量治理架构，要及时根据财政部出台的企业会计准则的有关规定，结合本企业的经营特点和业务范围有针对性地完善本企业的内部会计核算办法，并做好新旧准则衔接工作，依据企业会计准则等国家统一的会计制度提供真实、完整的会计信息。企业负责人要高度重视并切实加强对会计工作的组织领导，对会计工作和会计资料的真实性、完整性负责，要亲自抓会计准则实施，制定实施计划，健全内部控制，落实主体责任。企业各级会计人员，包括总会计师、财务负责人、基层会计工作者，要认真学习理解会计准则，始终保持知识更新，持续提升专业能力，将准确执行会计准则作为财会工作的基本功与看家本领；要强化会计诚信意识，践行会计诚信文化，杜绝财务舞弊，有效防范风险，从源头上夯实企业执行会计准则的基础，推动会计准则有效落地实施。

（二）会计师事务所要提高审计质量，积极发挥审计在促进提升会计准则实施效果中的作用。

会计师事务所提供财务会计报告鉴证服务是推动会计准则有效实施的重要措施。会计师事务所应当认真学习、领会、贯彻《国务院办公厅关于进一步规范财务审计秩序　促进注册会计师行业健康发展的意见》（国办发〔2021〕30号），严格按照《会计法》《注册会计师法》《证券法》等法律法规以及企业会计准则的规定开展审计鉴证和服务工作，紧抓质量提升主线，守住诚信操守底线，筑牢法律法规红线，充分发挥审计鉴证作用，持续规范财务审计秩序，提高审计质量，积极发挥审计监督在提高会计信息质量中的作用。会计师事务所和注册会计师要持续加强自身诚信建设，牢固坚守诚信为本的理念，坚持良好的执业操守；要持续加强能力建设，加大准则学习培训力度，重点关注准则实施情况，抓住审计工作重点；要切实贯彻落实风险导向审计理念和方法，重点关注高风险行业和领域，严格执行审计程序，保证执业质量，发挥审计监督作用，进一步提升企业会计准则实施效果。

（三）各地财政部门要充分发挥在企业会计准则实施中的作用，共同推进企业会计准则有效实施。

企业会计准则的贯彻实施，离不开各级财政部门特别是会计管理机构的大力推动。各级财政部门要加强宣传培训，引导社会有关方面重视和支持会计工作。要加强与同级相关业务主管部门的沟通与协调，齐抓共管、形成合力，推动辖区内有关企业贯彻实施国家统一的会计制度的督促指导。要加大调查研究力度，向财政部会计司及时反映企业会计准则实施情况，及时反馈企业会计准则实施问题，强化“上传下达”功能，上下联动，协力推进企业会计准则体系建设和实施。

（四）监督检查部门要加强协同配合，强化会计审计监管，全面提升会计信息质量。

财政部继续发挥企业会计准则建设实施中的主导作用，持续加强与国资委、银保监会、证监会等监管部门的协同配合，严厉打击财务造假行为，提高违法成本，针对会计准则实施中存在的不到位、有偏差问题，进一步完善部门间沟通协调机制，加强相关信息共享，形成监管合力，提高会计信息质量监管效能，形成全国上下一盘棋的会计准则实施监管格局，切实保证会计准则实施效果，全面提升企业会计信息质量。

（五）鼓励社会各界积极参与，营造企业会计准则建设实施的良好氛围。

鼓励社会各界积极参与企业会计准则研究、征求意见、实施等各个阶段，积极反馈实务做法、提出政策建议。鼓励专家学者、高校或研究机构等加强前瞻性学术研究，为企业会计准则建设实施提供理论支持和技术储备。鼓励社会各界加强对实务经验的总结和分享，共同营造企业会计准则建设实施的良好氛围。

规范秩序　优化服务
促进注册会计师行业持续健康发展

——《会计改革与发展“十四五”规划纲要》系列解读之四

注册会计师审计是提高会计信息质量、维护市场秩序的重要制度安排。党中央、国务院高度重视注册会计师行业发展。习近平总书记多次对行业改革发展作出重要指示，并亲临行业视察。习近平总书记关于加强会计审计机构和专业化队伍建设、发挥财会监督作用等系列重要论述，为行业改革发展提供了根本遵循。扎实推进注册会计师行业各项改革，强化行业监管，优化行业服务，有效发挥注册会计师审计鉴证作用，是贯彻党中央、国务院有关部署的重要任务，是落实《会计改革与发展“十四五”规划纲要》（以下简称《规划纲要》）的重要内容，是维护市场经济秩序和公众利益的必然要求。

一、“十三五”时期注册会计师行业发展成果丰硕

在党中央、国务院领导亲切关怀下，在财政部党组正确领导下，在有关方面的共同支持下，经过40多年持续发展，我国注册会计师行业坚持服务国家建设，从无到有、由弱变强，从国内走向国际，体制机制不断优化，服务领域不断拓展，做强做大战略取得成效，行业发展总体呈向好态势，成为促进经济社会健康发展的重要力量。

（一）注册会计师行业管理制度体系日趋完善。

经国序民，正其制度。财政部始终将注册会计师行业管理制度体系建设摆在重要位置，紧紧围绕《中华人民共和国会计法》和《中华人民共和国注册会计师法》，不断加强行业管理制度体系建设。一是相继出台《会计师事务所执业许可和监督管理办法》《注册会计师注册办法》等部门规章和《关于加强注册会计师行业监管有关事项的通知》《关于加强会计师事务所执业管理　切实提高审计质量的实施意见》等文件，为规范会计师事务所和注册会计师执业，加强行业监管提供制度保障。二是相继出台或修订《对财务报表形成审计意见和出具审计报告》等28项审计准则和30项审计应用指南，制定或修订8项审计准则问题解答和5项专项业务指引，并根据资本市场改革发展和国际准则全面趋同要求全面修订职业道德守则，为规范和指导注册会计师开展实务工作，提升审计工作质量夯实执业基础。三是相继出台《会计师事务所审计档案管理办法》《关于大力支持香港澳门特别行政区会计专业人士担任内地会计师事务所合伙人有关问题的通知》《其他专业资格人员担任特殊普通合伙会计师事务所合伙人暂行办法》《关于推动有限责任会计师事务所转制为合伙制会计师事务所的暂行规定》《关于落实“证照分离”改革事项　优化会计行业准入服务的通知》《境外会计师事务所从事全国银行间债券市场境外机构债券发行相关财务报告审计业务报备暂行办法》《关于认可英国会计师事务所从事沪伦通中国存托凭证相关审计业务有关事项的通知》《会计师事务所从事证券服务业务备案管理办法》《关于进一步规范银行函证及回函工作的通知》《关于推进会计师事务所函证数字化相关工作的指导意见》等文件，持续优化执业环境，深化注册会计师行业“放管服”改革，为会计师事务所做强做优营造良好的制度环境和氛围。

（二）注册会计师行业管理效能不断提升。

经过多年努力，形成了一套涉及会计师事务所设立及注册会计师注册备案、执业、退出及日常管理全过程的监管安排，有力推动了行业的规范发展，会计服务市场活力和竞争力日益增强。一是行业简政放权力度不断加大。配合行政审批制度改革，压缩会计师事务所及分支机构设立审批时限、精简审批材料，放宽准入条件、取消或下放部分审批事项，不断释放会计市场活力。2014 年以来，财政部已先后取消境外事务所设立代表处审批，下放境外事务所临时执业审批，取消事务所跨省迁移审批，将会计师事务所从事证券服务业务由审批管理改为备案管理。二是行业日常管理不断强化。开展事务所持续符合执业资格、执业质量等日常及专项检查，依法整治会计师事务所违法违规行为，营造风清气正的执业环境。三是行业监管机制日益优化。切实发挥监管合力，形成财政行政监管与注协自律管理相互配合，各有侧重的监管体系，不断提升行业监管效能。四是行业信息化管理水平不断提升。财政会计行业管理系统升级优化，会计师事务所设立审批、年度报备、会计师事务所从事证券服务业务备案等事项全程网上办理，实现“让数据多跑路，让群众少跑腿”，便利群众办理行政业务，提升行业管理效率。

（三）注册会计师行业服务国家建设能力不断增强。

随着我国改革开放的不断深入和资本市场的持续发展，注册会计师审计鉴证、咨询服务等业务的市场需求不断扩大。我国注册会计师行业在改革开放大潮中乘势而起，围绕服务国家建设主题和诚信建设主线，会计师事务所做强做优、做专做精成效明显，行业业务收入结构不断优化，行业业务收入规模实现较快增长，行业服务领域不断拓展。截至2020年底，全国共有会计师事务所8600余家（不含分所），行业年度业务收入超过1000亿元，为4000多家上市公司、1万多家新三板企业和420多万家企事业单位提供审计鉴证和其他专业服务，并深度参与国家“一带一路”建设、为1.1万家中国企业在全球200多个国家和地区设点布局提供强有力的专业支持。

（四）注册会计师行业人才队伍不断发展壮大。

随着经济社会的快速发展，对注册会计师审计的需求不断增大，财政部加强注册会计师行业人才建设，注册会计师人才队伍持续发展壮大，人才资源总量稳步增长，人才素质持续提高，年龄结构不断优化，形成了一支素质优良、梯次合理、作用突出的行业人才队伍。截至2020年底，全国注册会计师行业共有人大代表政协委员829人、全国行业高端人才555人、从业人员超40万人，为提升会计信息质量和经济效率、维护资本市场秩序和社会公众利益方面发挥了不可或缺的重要作用，日益成为服务国家建设的一支重要专业力量。

二、“十四五”时期注册会计师行业面临的形势和挑战

习近平总书记在深圳经济特区建立40周年庆祝大会上提出，要对标国际一流水平，大力发展会计等现代服务业，提升服务业发展能级和竞争力。社会主义市场经济的不断深化、“一带一路”等国际化战略的纵深推进、多层次资本市场的健全完善和社会事业的改革创新，为注册会计师行业“十四五”时期国内国际发展创造了更为广阔的市场空间，提供了新的发展机遇，也提出了更高要求。看到行业取得显著成绩和面临机遇的同时，我们也要清醒地认识到，由于起步较晚、基

础薄弱等多种原因，注册会计师行业发展同全面建成社会主义现代化国家的需要相比、同社会公众的期待相比还存在一定差距，行业发展仍存在一些突出难题，影响着注册会计师审计鉴证作用的发挥，制约着行业长远健康发展，需要高度重视，并通过持续深化改革加以解决。

（一）满足市场对高质量审计服务的期望，需要进一步强化会计师事务所内部治理，整治行业“潜规则”。

当前，少数会计师事务所一味追求规模扩张，疏于内部治理，质量控制不严，收入分配、合伙人晋升等更多与业务承接挂钩，执业质量因素考虑不足，影响审计质量，为事务所持续健康发展埋下隐患，对行业整体品牌形象带来不利影响，需要加强政策引导，促进会计师事务所提升一体化管理水平，加强质量管理，保障整体审计质量。一些违法违规行为屡禁不止，严重扰乱审计秩序、败坏行业风气，需要形成长效机制，持续整治规管。

（二）解决行业发展机制性难题，需要进一步完善行业法律和基础制度体系。

1993 年颁布、2014 年局部修正的《注册会计师法》为注册会计师行业的恢复重建和规范发展提供了基本依据，对强化行业管理，发挥注册会计师在社会经济活动中的基础服务作用，作出了重要贡献。随着经济活动日趋复杂，注册会计师审计的重要性愈发凸显，关注度日益上升，财务造假中企业会计责任和会计师事务所审计责任区分、特定实体审计监管、行政处罚上限较低等问题日益成为行业和社会关注焦点，需要通过修订《注册会计师法》予以解决。

（三）深化“放管服”改革，需要进一步强化行业日常监管。

经过多年的探索，财政部门已形成了一套行业日常监管体制机制，有力推动了行业的规范健康发展。但随着行业的快速发展和放宽行业前端准入的同时，也对创新监管机制，加强事中事后监管提出了更高要求。随着行业规模的不断扩大，业务种类的不断增多，需要进一步统筹监管资源，协调各级财政部门监管职责，完善监管协同机制，加大日常执法检查频次，加强从严执法力度。

（四）促进行业可持续发展，需要进一步优化执业环境。

函证工作是注册会计师审计的重要程序，近年来曝光的一些财务造假和审计失败案例反映出函证不实问题，引发市场和公众广泛关注，需要明确相关责任，加大相关责任追究力度，保障审计证据的可靠性。同时，注册会计师行业内存在低价恶性竞争，导致审计资源投入不足，审计质量低下，并长远影响行业的人才吸引力和持续健康发展，急需建立以质量为导向会计师事务所选聘机制，对违规企业和会计师事务所依法依规严肃处理。

三、“十四五”时期注册会计师行业管理工作重点及具体措施

2021 年 7 月，国务院办公厅印发《关于进一步规范财务审计秩序　促进注册会计师行业健康发展的意见》（国办发〔2021〕30 号，以下称国办发 30 号文），明确提出了规范财务审计秩序，促进注册会计师行业健康发展的总体要求、工作原则、具体措施。这是改革开放以来经国务院同意、由国务院办公厅直接印发的指导我国注册会计师

行业发展的第一个文件，充分体现了党中央、国务院对新阶段注册会计师行业健康发展的关心和重视，为“十四五”和今后一段时期注册会计师行业发展指明了方向。《规划纲要》对“十四五”时期贯彻落实国办发30号文有关内容进行了进一步强调，紧抓质量提升主线，守住诚信操守底线，筑牢法律法规红线。坚持监管与服务并重、治标与治本结合，“十四五”时期注册会计师行业管理将重点做好以下工作。

（一）依法整治行业秩序。

1. 依法加强从事证券业务的会计师事务所监管。加强会计师从事证券服务业务备案管理，充实财会监督检查力量，推动形成专业化执法检查机制，对从事证券服务业务的会计师事务所开展有效日常监管。出台会计师事务所监督检查办法，建立分级分类监管机制、突出检查重点、提高检查频次。出台会计师事务所自查自纠报告管理办法，压实会计师事务所责任，建立自查自纠报告机制，引导会计师事务所防微杜渐，抓早抓小，持续规范健康发展。完善相关部门对从事证券业务的会计师事务所监管的协作机制，加强统筹协调，形成监管合力，对会计师事务所和上市公司从严监管，依法追究财务造假的审计责任、会计责任。

2. 严肃查处违法违规行为并曝光典型案例。加强对会计师事务所与企业串通违规造假行为的惩戒，对弄虚作假、配合企业蒙骗监管部门和投资者的会计师事务所和注册会计师严惩重罚。上下联动，持续加强行业内较为突出违法违规行为的整治。聚焦注册会计师行业违法违规典型案件，依法依规严肃处理，坚决做到“零容忍”，对影响恶劣的重大案件从严从重处罚，对违法违规者形成有效震慑。加大典型案例曝光力度，对全社会、全行业形成警示。

3. 加快推进注册会计师行业法律和基础制度建设。制定并完善注册会计师行业基础性制度清单，及时跟进健全相关制度规定，建立健全制度化、常态化的长效机制。推动加快修订注册会计师法，进一步完善行政强制措施、丰富监管工具、细化处罚标准、加大处罚力度。合理区分财务造假的企业会计责任和会计师事务所审计责任，明确其他单位向注册会计师出具不实证明的法律责任。完善会计师事务所组织形式相关规定，明确公众利益实体审计要求。完善维护信息安全要求，明确境外机构和人员入境执业等相关监管规定。科学合理确定会计师事务所从事上市公司等特定实体审计业务的具体要求，统一公开相关标准。结合实际优化会计师事务所和注册会计师审计轮换机制。做好注册会计师法配套规章制度建设。

4. 建立健全监管合作机制。建立注册会计师行业年度工作会议和日常联席会议机制，整合力量、凝聚共识，切实形成监管合力，及时研究解决制约行业发展的突出问题，不断提升行业监管水平。依法依规开展跨境会计审计监管合作，维护国家经济信息安全和企业合法权益，增强国际公信力和影响力。

（二）强化行业日常管理。

1. 全面深化注册会计师行业“放管服”改革。落实行政审批制度改革和简政放权要求，积极推进会计师事务所及其分所执业许可行政审批制度改革，贯彻《国务院关于深化“证照分离”改革 进一步激发市场活力的通知》（国发〔2021〕7号），切实做好注册会计师行业自贸区“证照分离”改革试点工作，同时，进一步简化会计师事务所、注册会计师审批业务流程、便利申请手续。

2. 加强注册会计师行业信息化建设。构建注册会计师行业统一监管平台，坚持有利于统一监管、服务行业为目标导向，坚持有利于会计师事务所、注册会计师管理、方便信息上报为需求导向，系统地重塑业务需求。建立健全行业数据库，加强数据分析利用，打造“互联网+注册会计师行业”监管服务模式，加强信息化监管，提供更便捷、高效的行业服务。

3. 探索建立审计报告数据单一来源制度，推动实现全国范围审计报告验证。对财政部系统已有业务报备功能进行优化，逐步实现审计报告在财政部系统报备上传、防伪贴码、查询验证，从源头治理虚假审计报告问题，打击“无证经营”行为，规范财务审计秩序。

4. 加强行业信用管理。出台注册会计师行业严重失信主体名单管理办法，依法依规共享和公开相关信息并实施联合惩戒。畅通投诉举报渠道，完善投诉举报办理机制，建立行业举报受理平台，做到“接诉必应、限时核查，查实必处、处则从严”。

5. 不断完善和有效实施注册会计师职业准则体系。立足我国注册会计师执业实践，结合准则国际趋同等需要，与时俱进完善注册会计师职业准则体系，充分发挥其对注册会计师专业服务的规范和引领作用。推动职业准则体系落地实施，指导会计师事务所完善审计程序，增强审计独立性，提高应对财务舞弊的执业能力。

（三）优化行业执业环境和能力。

1. 引导会计师事务所强化内部管理。加强会计师事务所一体化管理，出台一体化管理办法，建立可衡量、可比较的指标体系，引导会计师事务所在人员管理、财务管理、业务管理、技术标准和质量管理、信息化建设等方面实行统一管理，建立健全公开、透明、规范的一体化管理检查评估程序。

2. 推进以质量为导向的会计师事务所选聘机制建设。完善国有企业、上市公司选聘会计师事务所有关规定，压实企业审计委员会责任，科学设置选聘会计师事务所指标权重，提高质量因素权重，降低价格因素权重，完善报价因素评价方式，引导形成以质量为导向的选聘机制，从源头有效遏制注册会计师行业低价恶性竞争问题。

3. 提升会计师事务所审计风险承担能力。完善会计师事务所风险保障机制，采取建立风险保障基金和注册会计师执业责任保险等方式，督促会计师事务所提升风险防御能力。修订《会计师事务所职业责任保险暂行办法》，根据资本市场发展和证券业务现状，充分考虑会计师事务所客户群体、风险状况等客观差异，完善保险金额等相关要求。

4. 进一步规范银行函证业务。加强银行函证数字化平台建设，加快推进函证规范化、集约化、数字化进程，利用信息技术解决函证不实、效率低下、收费过高等问题，支持提升审计效率和质量。开展银行函证第三方平台试点工作，总结试点经验，形成工作指引，推动银行函证数字化平台规范、有序、安全运行。逐步在上市公司年报审计中推广银行函证数字化应用。

5. 推广行业先进经验。结合大、中、小型会计师事务所特点，从一体化管理、信息化管理、“专精特”发展等方面树立典型示范，推广先进经验，引导会计师事务所比学赶超，共同发展。

四、加强组织实施，确保“十四五”时期注册会计师行业管理措施落地见效

（一）认真学习贯彻，全面推进行业管理工作。

财政部门要认真学习贯彻国办发 30 号文和《规划纲要》，充分认识推动注册会计师行业健康发展的重要性，牢牢把握行业发展难得机遇，将相关工作摆到重要议事日程。要突出监管重点、强化监管力度，

对行业违法违规行为和“潜规则”依法整治规管，有效整顿审计秩序、整肃行业风气。要加强法治建设、制度建设和标准建设，从体制机制上解决行业发展存在的深层次问题。注册会计师协会要发挥作用，实施好《规划纲要》与《注册会计师行业发展规划（2021－2025年）》和《注册会计师行业信息化建设规划（2021－2025年）》有关工作任务。

（二）加强协同配合，确保各项措施落地见效。

财政部门作为行业主管部门，要持续加强与有关部门的协同配合，不断优化完善沟通协调工作机制，强化信息共享，形成监管合力，提升监管效能。注册会计师协会作为行业组织，要建立健全政策协调和工作协同机制，推动各项政策措施的落实。会计师事务所要全力支持配合行业管理工作，规范内部治理，树立质量优先导向，充分发挥审计鉴证作用，持续规范财务审计秩序，维护行业健康发展生态。广大从业人员要发挥主体意识和进取精神，发挥主体作用，献智献志，形成促进行业发展的最大合力。

（三）加强宣传引导，营造行业健康发展良好氛围。

注册会计师行业的持续健康发展，离不开良好的舆论环境和社会环境，财政部门要建立行业舆情日常监测、会商研判以及中央和地方、政府部门和行业协会的分级分类响应机制，不断增强舆论引导能力和舆情应对水平。要加强对注册会计师行业法律法规、监管制度和日常监管行为的宣传，推动底线红线入脑入心入行；要加强对注册会计师行业正反两方面典型案例的宣传，推动形成认知认同；要加强对注册会计师行业价值和诚信文化的宣传，积极引导社会舆论和市场预期。要引导社会各界积极参与行业相关法律法规、制度研究，集思广益，共同推动行业发展。

加强新时代会计人才队伍建设
为高质量发展提供有力支撑

——《会计改革与发展“十四五”规划纲要》系列解读之五

人才是实现民族振兴、赢得国际竞争主动的战略资源。2021 年 11 月，财政部印发《会计改革与发展“十四五”规划纲要》（以下简称《规划纲要》）提出了“人才队伍结构持续优化”的总体目标和“培养造就高水平会计人才队伍”的主要任务。按照《规划纲要》的总体部署，2021 年 12 月，财政部印发《会计行业人才发展规划（2021－2025 年）》，进一步明确了“十四五”时期会计人才发展的 4 个具体目标、9 项重点任务和 5 个重大工程。《规划纲要》和《会计人才规划》为新时代会计人才发展指明了方向，是做好当前和今后一段时期会计人才队伍建设工作的行动纲领。

一、“十三五”时期我国会计人才建设取得的主要成绩

“十三五”时期，财政部按照党中央、国务院关于人才工作的有关决策部署，加强会计人才制度建设、实施会计人才培养重大工程、营造会计人才发展良好环境。我国会计人才素质明显提升、人员队伍结构持续向好、会计人才在经济社会发展中的作用日益突出。

（一）会计人才制度不断健全。

会计人才制度建设是推动会计人才工作的重要前提，是促进会计人员提升专业能力和职业道德水平的有力保障。一是转变会计人员管理方式。落实“放管服”改革要求，取消会计从业资格，加强会计人员事中事后管理，制定《会计人员管理办法》《会计专业技术人员继续教育规定》《关于加强会计人员诚信建设的指导意见》等管理制度。二是推进会计职称制度改革。制定《关于深化会计人员职称制度改革的指导意见》，设立正高级会计师资格，形成初级、中级、高级（含副高级和正高级）等层次清晰、相互衔接、体系完整、逐级递进的会计专业技术资格体系，为经济社会发展培养、选拔不同层级的会计专业技术人才提供了重要依据。三是加强会计专业技术资格考试管理。修订《全国会计专业技术资格无纸化考试考务规则》《全国会计专业技术资格考试评卷工作规则》等考试制度，加强会计专业技术资格考务管理，实现初、中、高级会计资格考试无纸化，联合人力资源社会保障部、工业和信息化部、公安部防范和打击利用无线电设备等在会计资格考试中舞弊等行为，维护考试公平。四是完善高端会计人才培养制度。制定《全国会计领军人才培养工程发展规划》《全国大中型企事业单位总会计师培养（高端班）方案》《国际化高端会计人才培养工程实施方案》等人才培养规划或培养方案，统筹推进各类别高层次会计人才队伍建设。

（二）会计队伍素质明显提升。

我国会计人才队伍的整体素质明显改善，学历结构不断优化，专业能力不断提升。截至2020年底，我国共有670.20万人取得初级会计专业技术资格，242.02万人取得中级会计专业技术资格，20.57万人通过高级会计师资格考试，比2015年底分别增长79.3%、50.6%、73.3%；注册会计师行业从业人员近40万人，会计师事务所合伙人（股东）3.6万人。我国所有综合类高等院校均开设了会计专业课程，在开设本科以上学历教育的高等院校及科研单位中从事会计教育科研工作的人员超过1.3万人。

（三）人才培养工程成效显著。

一是实施高端会计人才培养工程。构建企业类、行政事业类、注册会计师类、学术类共同发展的高端会计人才培养体系，培养周期六年，截至2020年底共招收44个班1802人，毕业1071人，经过持续培养，学员的管理水平、专业能力和综合素质显著提升，很多学员已成长为单位分管财会工作的负责人，为推动提升会计工作发挥了积极作用。二是实施大中型企事业单位总会计师素质提升工程。组织对大中型企事业单位总会计师、财会负责人等进行轮训，为企事业单位培养了一批能够参与战略经营和管理决策、把握行业发展趋势、解决复杂经济问题、具有国际业务能力的高级会计人才，截至2020年底已组织培训6.7万人次；在素质提升工程中设立高端班，着力培养一批具有全球战略眼光、市场开拓精神、管理创新能力和社会责任感的总会计师及其后备人才队伍，已招收首期242名学员。三是实施国际化高端会计人才培养工程。着力培养一批谙熟国际规则、精通国际事务、符合我国会计工作国际交流合作需要的高端会计人才，截至2020年底共招收3期90名学员，推荐1名学员担任国际会计准则理事会中小主体国际财务报告准则实施工作组成员，组织2名学员通过线上远程方式参与英格兰及威尔士特许会计师协会的有关工作，安排6名学员赴会计准则委员会直接参与国际财务报告准则项目研究。四是实施会计名家培养工程。重点资助培养一批具备突出学术研究能力和完备知识结构，活跃于国际学术领域、具有国际水准的会计学术带头人，截至2020年底有70人入选会计名家培养工程，39人获得“会计名家”称号。五是加强应用型会计人才培养。促进会计学研究生教育逐步向应用型专业学位教育为主转变，全国会计硕士专业学位研究生培养单位从最初的24家发展到2020年底的269家；从年招生不足2000人发展到年招生约2万人，截至2020年底已累计招生超过12万人，授予学位超过8万人；实施会计专业学位教育质量认证，17家培养单位成为质量认证A级成员单位。

（四）人才发展环境不断改善。

一是会计人才发展的社会环境明显改善。经济社会发展为会计人才成长与发展提供了广阔舞台，会计人才竞争优势不断提升，报名参加会计专业的学生逐年增加，素质明显提高，以会计硕士专业学位为例，全日制报录比稳定在7∶1，在管理类专业学位中位于前列。自1990年以来财政部先后9次依法开展全国先进会计工作者评选表彰活动，“十三五”时期，共有149人被评为全国先进会计工作者，在树立一批当代会计楷模的同时，也极大地激励了广大会计人员崇尚诚信、依法理财、锐意创新、敬业奉献的工作热情。二是会计人才发展的单位内部环境明显改善。随着会计人员参与单位经营管理活动的程度不断加深、作用不断显现，会计人才日益受到单位的重视和肯定，会计职能作用与地位得到进一步巩固和提高。三是会计人才培养重点基地建设规模和培训质量明显提高。北京、上海、厦门国家会计学院等会计人才培养重点基地，发挥不同区位优势，突出擅长领域及学科方向，承担政府部门组织的高端会计人才培训，注重打造学院精品培训项目，积极拓展培训领域，提高培训质量，三家学院每年培训会计人员达到17万人次；加强会计学科建设，三家学院均成为会计专业学位教育质量认证A级成员单位；有效发挥智库作用，服务财政会计事业发展，形成国家会计学院协同发展、相互支撑的整体格局。

二、“十四五”时期我国会计人才发展面临的形势和挑战

（一）党中央关于新时代人才工作的重大部署对会计人才建设提出新要求。

习近平总书记在2021年9月召开的中央人才工作会议上深刻阐述了新时代人才工作的一系列重大理论和实践问题，明确了指导思想、战略目标、重点任务、政策举措，为做好新时代人才工作指明前进方向。会计人才建设工作要全面贯彻习近平总书记关于新时代人才工作的新理念新战略新举措，增强“四个意识”、坚定“四个自信”、做到“两个维护”，深入实施新时代人才强国战略，紧紧围绕建设世界重要人才中心和创新高地、深化人才发展体制机制改革、加快建设国家战略人才力量、全方位培养引进用好人才等重大部署，加强科学谋划，做好顶层设计，坚持向改革要动力、用改革增活力，坚决破除各种体制机制障碍，加快形成具有吸引力和国际竞争力的会计人才制度体系，以强烈的责任感、使命感、紧迫感推进各项任务落实，努力实现新时代会计人才工作高质量发展。

（二）以推动高质量发展为主题的经济社会发展对会计人才建设提出新要求。

当前，我国经济已从高速增长阶段转向高质量发展阶段，我国将加快建设现代化经济体系，加快构建以国内大循环为主体、国内国际

双循环相互促进的新发展格局，需要广大会计人才不断提高贯彻新发展理念、构建新发展格局的能力和水平，在企业管理、政府治理、注册会计师审计、会计教学科研、会计国际交流合作等领域施展才华、积极作为，在推动经济社会高质量发展，推进国家治理体系和治理能力现代化，建设高水平开放型经济新体制中发挥更大作用。

（三）以“变革融合”为特征的会计改革发展趋势对会计人才建设提出新要求。

“十四五”时期是会计工作实现高质量发展的关键时期。大数据、人工智能、移动互联网、物联网、区块链等技术革新，催生新产业、新业态、新模式，进一步推动会计工作与经济业务深度融合、推动会计智能化发展，迫切需要一批既精通专业又熟悉信息技术，既具备战略思维又富有创新能力的复合型会计人才，推动会计工作适应数字化转型，实现“提质增效”的改革发展目标。

三、“十四五”时期推动我国会计人才队伍建设的总体思路和主要任务

会计事业发展依靠会计人才，会计人才工作在推进会计改革发展中具有举足轻重的作用。《规划纲要》将抓好《会计人才规划》等三个子规划的编制实施作为推动会计改革发展任务落地生效的重要措施。按照党中央关于新时代人才工作的有关决策部署和《规划纲要》的总体要求，在对会计人才工作进行全面总结、深入调研、充分研讨的基础上，我们研究起草了《规划纲要》的子规划《会计人才规划》，并组织开展了两次征求意见和一次专家论证会，第一次征求意见共收到不重复的意见 132 条，采纳或部分采纳 68 条；第二次征求意见和专家论

证会共收到不重复的意见186条，采纳或部分采纳106条，对于未采纳的重要意见与反馈单位进行了充分沟通。

“十四五”时期的会计人才建设工作将着力构建一个体系、有序推动两个发展、积极打造三个平台、有效解决四个问题、重点实施五个工程。着力构建一个体系，即构建包括人才选拔、培养、评价、使用在内的会计人才工作体系，重点健全科学规范、开放包容、运行高效的会计人才培养体系，健全以诚信评价、专业评价、能力评价为维度的会计人才综合评价体系。有序推动两个发展，即通过完善高端会计人才培养机制，创新继续教育培养模式，推进会计学科与其他学科交叉融合等，推动会计人才向高素质专业化人才发展、向复合型国际化人才发展。积极打造三个平台，即打造会计人员管理服务平台、会计人员继续教育平台、会计人才资源共享平台。有效解决四个问题，即解决会计人员诚信机制建设滞后的问题，解决会计人员评价体系不健全的问题，解决高端会计人才供给不足的问题，解决基层会计人员教育培训需进一步加强的问题。重点实施五个工程，即实施大中型企业总会计师培养工程、行政事业单位财务负责人培养工程、会计师事务所合伙人培养工程、会计教学科研人才培养工程、国际化高端会计人才培养工程。

落实到具体任务上，主要包括：持续推进会计诚信建设、健全会计人才评价体系、提高会计人员继续教育质量、抓好会计人才培养重大工程、推动学科发展和学历教育改革、加强会计人才培养基地建设等六个方面。

（一）持续推进会计诚信建设。

诚信是会计职业道德的重要内容，也是对会计行业的最基本要求。“十四五”时期将通过完善法律、建立机制、加强教育等手段，全面提升会计人员诚信意识和行业诚信水平。

1. 加强会计法治建设。通过修订会计法律制度、制定会计人员职业道德规范，修订完善注册会计师职业道德守则等，强化会计诚信意识，支持会计人员依法履职尽责，保护会计人员合法权益；完善会计法律责任体系，提高会计违法成本。

2. 建立涵盖事前、事中和事后全过程的会计诚信体系。建立会计人员信用信息管理制度，规范信用信息归集、评价、利用，探索诚信积分管理机制，加强与有关部门合作，实现信用信息的互换、互通和共享，将会计人员信用信息作为会计人才选拔、培养、评价、使用的重要依据。支持会计相关行业协会建立健全信用承诺制度，加强行业自律。

3. 加强会计法治教育、会计诚信教育和思政教育。将会计职业道德作为会计人才培养教育的重要内容，推动财会类专业教育加强职业道德和课程思政建设。加大会计诚信宣传，组织开展先进会计工作者评选表彰，健全评选表彰机制，宣传先进事迹，鼓励会计人才主动担负起时代赋予的使命责任；加强对典型失信案例的警示教育。

（二）健全会计人才评价体系。

建立科学的人才评价机制，对树立正确用人导向、激励引导人才职业发展、调动人才创新创业积极性具有重要作用。针对目前会计人才评价标准单一、评价手段趋同等问题，提出完善会计人才评价体系的具体措施。

1. 探索建立以诚信评价、专业评价、能力评价为维度的会计人才综合评价体系。目前会计人才评价主要以会计专业技术资格考试评审为主，重点关注专业评价（会计专业技术资格考试）、能力评价（评审阶段对工作业绩进行评价），尚未将诚信情况纳入评价范畴中。“十四五”时期，将结合建立会计人员信用信息管理制度，将会计人员诚信情况作为会计人才评价的重要依据，充分发挥会计人才评价对会计人才教育培养的导向作用。

2. 完善会计专业技术资格考试评价制度。组织开展会计专业技术资格考试评价是会计人才评价的重要方式。科学的评价标准、有效的组织方式是做好会计人才评价的重要前提。“十四五”期间，将修订会计专业技术资格考试大纲，加强会计专业技术资格考试组织实施管理，探索推进初级会计专业技术资格考试一年多考；加大对高级和正高级会计专业技术资格评审工作的指导力度，向艰苦边远地区适当放宽评审标准；研究会计专业技术资格考试、评审与注册会计师等职业资格考试科目互认、与会计专业学位研究生教育衔接的机制、与高端会计人才培养衔接的机制，减少重复评价，畅通各类会计人才流动、提升的渠道。

（三）提高会计人员继续教育质量。

会计人员继续教育是实现会计人员更新知识、拓展技能、完善知识结构、提高能力素质的一项重要制度安排。我国会计法第三十九条规定“对会计人员的教育和培训工作应当加强。”党的十九大明确要求要“办好继续教育，加快建设学习型社会，大力提高国民素质。”针对目前继续教育标准不统一、学习质量难以有效保证等问题，提出具体措施。

1. 制定会计人员继续教育专业科目指南。《会计专业技术人员继续教育规定》第九条规定，“财政部会同人力资源社会保障部根据会计专业技术人员能力框架，定期发布继续教育公需科目指南、专业科目指南，对会计专业技术人员继续教育内容进行指导”。专业科目指南是指导会计人员继续教育的重要文件。“十四五”期间，将针对不同层次、不同类别的会计人才分别构建能力框架，以能力框架为指引，制定会计人员继续教育科目指南，突出继续教育的针对性、差异化、实用性和前瞻性。

2. 修订中国注册会计师胜任能力指南。为适应注册会计师行业发展的新形势，进一步提升注册会计师行业专业化水平，不断适应国家经济社会发展需要，在总结提炼国内新实践，学习借鉴国际新变化的基础上修订《中国注册会计师胜任能力指南》。新修订的《注册会计师胜任能力指南》将对注册会计师职业生涯胜任能力总框架、专业素质基本要素及核心内容、学历教育与职业教育内在联系以及实务经历在培养、保持和提升注册会计师胜任能力中的地位与作用等方面进行进一步明确和规范。

3. 丰富继续教育内容和方式。继续教育的内容要以服务会计人员为核心，满足经济社会发展对高素质复合型国际化人才的需要，要加强对最新财经法规和会计准则制度的学习，提高依法理财、准确执行会计准则的能力；要加强岗位能力培训，学习行业发展相关的新知识、新技术、新技能，提高实际工作能力和业务技能；要加强职业道德教育，提高会计人员职业道德水平。关于继续教育形式，考虑到工学矛盾、行业差异等因素，将对继续教育形式和学时认定采取更为便捷的方式，进一步丰富拓展继续教育渠道，充分利用云计算、大数据等新技术，推进继续教育信息化平台建设和应用，提供标准统一、内容规范、质量优秀的会计人员继续教育课程和注册会计师胜任能力全要素模块课程，开展继续教育师资库建设。

（四）抓好会计人才培养重大工程。

为培养各领域的高端会计人才，财政部将继续实施重大会计人才培养工程，培养符合新时代高质量发展要求的大中型企业高端会计人才，培养符合新时代行政事业单位管理要求的高端会计人才，培养符合国家建设要求的注册会计师，培养符合教育改革要求、贴近会计实务的会计教学科研人才和学术带头人，培养符合会计国际交流合作需要的国际化高端会计人才。

1. 大中型企业总会计师培养工程。对中央企业一二三级企业、省级国有企业一二级企业、上市公司和地方重点企业总会计师开展轮训，提升总会计师岗位能力素质，每年培训约 2900 人，五年共培训约 14500 人；选拔一批大中型企业优秀中青年会计人才进行重点培养，培养周期三年，每两年选拔 1 次，五年共选拔培养约 240 人。

2. 行政事业单位财务负责人培养工程。对国家和省级行政事业单位财务负责人开展轮训，提升财务负责人岗位能力素质，每年培训约 720 人，五年共培训约 3600 人；选拔一批行政事业单位优秀中青年会计人才进行重点培养，培养周期三年，每两年选拔 1 次，五年共选拔培养约 120 人。

3. 会计师事务所合伙人培养工程。对会计师事务所合伙人开展轮训，提升会计师事务所合伙人执业能力和管理能力，每年培训约 1000 人，五年共培训约 5000 人；选拔一批会计师事务所优秀中青年人才进行重点培养，培养周期三年，每年选拔 1 次，五年共选拔培养约 180 人。

4. 会计教学科研人才培养工程。选拔一批从事会计教学科研工作的优秀中青年人才进行重点培养，培养周期三年，每两年选拔 1 次，五年共选拔培养约 120 人；实施会计名家工程，发现、培养、举荐约 15 名造诣高深、成就突出、影响广泛的杰出会计理论与实务工作者。

5. 国际化高端会计人才培养工程。选拔培养约 150 名国际化高端会计人才，通过参与国际会计标准制定和国际交流合作、发表会计专业意见、担任财政部企业会计准则咨询委员会委员等方式，为我国参与国际会计标准制定建言献策，提高我国在国际会计领域的话语权和影响力。

（五）推动学科发展和学历教育改革。

加强会计学科建设和学历教育，对于提升我国会计教育培训水平、增强人才发展核心竞争力具有十分重要的意义。“十四五”时期，将适应社会需求变化，进一步完善会计学科专业体系，优化培养结构，创新培养模式，提升教育质量。

1. 加强会计学科顶层设计。构建适应经济发展、产业结构调整、新技术革命、国家治理体系和治理能力现代化等新形势的会计学科专业体系，积极推进论证会计学一级学科申报和建设。把握数字化、网络化、智能化融合发展的契机，促进会计学科与其他学科的交叉融合。适当增加政府会计、管理会计、会计信息化相关课程内容的比重。

2. 深化会计学历教育改革。依托部分高校，聚焦直接影响会计学科专业体系建设的关键因素，从师资、课程、教材、教学内容、教学方式和实践基地等方面进行以战略思维、业财融合、数字智能为导向的教改研究和探索，推动产学研一体化发展。增强会计职业教育适应性，进一步完善培养机制。加强会计基础理论研究，争做国际学术前沿并行者乃至领跑者，开展战略性、全局性、前瞻性问题研究，创新科研组织模式，建立重点研究基地，打造一批新型高校智库，为重大会计政策制定提供支持。

3. 完善应用型人才培养体系。会同国家教育主管部门、人才主管部门，面向会计行业当前及未来人才重大需求，开展会计硕士专业学位核心课程建设、教材建设、教学案例库建设和教育质量认证等工作；积极推进会计硕士专业学位教育与会计专业技术中级资格的衔接；完善会计专业学位体系，研究会计博士专业学位研究生培养方案；优化跨院校的教师、学生之间的交流沟通学习平台，推进培养单位与实务部门在课程建设、实习实践和科学研究方面的合作。

（六）加强会计人才培养基地建设。

会计人才培养基地承担着对会计人员补充更新知识，拓展知识结构，提高综合素质和创新能力的重要职责，是培养培训会计人才的服务平台。要进一步发挥三家国家会计学院在培养高层次、急需紧缺会计人才方面的重要作用，并充分调动社会力量在会计人才培养方面的积极性。

1. 推动国家会计学院高质量发展。要进一步强化国家会计学院职能定位，推动国家会计学院坚守高端培训办学使命，开展高端会计人才培养、会计专业学位研究生教育，创新培养模式、提高师资水平，打造高端会计人才培养主阵地；要坚定特色发展办学方向，在高端会计人才培养、学位教育、智库建设中突出优势领域，形成差异定位协同发展新格局；要坚持整合资源办学策略，切实发挥学院董事会、战略咨询委员会的咨询和支持作用，加强高质量在线学习平台建设，共建携手共进合作共赢大平台。

2. 有效发挥其他培养平台作用。鼓励和引导企业、高校、科研院所等参与会计人才联合培养，注重发挥会计行业组织（团体）在会计人才培养方面的作用，支持会计行业组织（团体）搭建会计学术交流、实践交流平台。

四、落实重点任务的有关要求

（一）加强组织领导，提升会计人才工作水平。

财政部门和中央有关主管部门要坚持党管人才，加强组织领导，形成组织部门牵头抓总，职能部门各司其职、密切配合，社会力量广泛参与的会计人才工作格局；要树立强烈的人才意识，把推进会计人才发展纳入重要议题；要加强会计管理队伍建设，提升会计人才管理工作的能力和水平。各地财政部门和中央有关主管部门可以结合实际，制定本地区（部门）的会计人才发展规划或制定支持本地区（部门）会计人才发展的政策措施。

（二）完善工作机制，支持会计人才稳步发展。

财政部门和中央有关主管部门要加强政策协调，健全工作机制，立足实际、突出重点，解决人才反映强烈的实际问题，支持开展会计人才培养，切实抓好《规划纲要》和《会计人才规划》的贯彻落实，把人才优势转化为发展动能。各有关高校、国家会计学院、行业协会等人才培养单位要增强责任感和紧迫感，把全面开展高素质、专业化、复合型、国际化会计人才培训培养作为一项重要任务，认真组织实施。各用人单位要重视会计人才队伍建设，优化本单位会计人才发展环境，创造性做好育才、引才、用才工作，为会计人才成长提供必要的平台和经费支持，切实发挥会计人才作用。

（三）加大宣传引导，营造人才发展良好环境。

财政部门和中央有关主管部门要通过各种渠道和形式大力宣传《规划纲要》和《会计人才规划》，积极回应社会关切，广泛宣传人才工作新成果、新经验，讲好人才故事，强化典型示范，突出导向作用，引导社会各界关注会计人才，支持会计人才工作，推动形成全社会关心尊重会计人才、重视支持会计人才发展的良好环境。

（四）做好跟踪反馈，确保各项任务落实到位。

各地财政部门和中央有关主管部门要及时跟踪、总结《规划纲要》和《会计人才规划》实施情况，对于形成的先进经验、创新做法以及取得的成效等形成书面材料报财政部，财政部采取适当方式进行总结推广。财政部门和中央有关主管部门要及时了解规划实施中出现的情况和问题，及时调整完善政策措施，确保各项任务和要求落实到位。

加快会计数字化转型　支撑会计职能拓展
推动会计信息化工作向更高水平迈进

——《会计改革与发展“十四五”规划纲要》系列解读之六

当前，新一轮科技革命和产业变革深入发展，数字化转型已经成为大势所趋。《中华人民共和国国民经济和社会发展第十四个五年规划和2035年远景目标纲要》提出，加快数字化发展，建设数字经济、数字社会、数字政府，营造良好数字生态，打造数字中国。国务院印发的《“十四五”数字经济发展规划》，就不断做强做优做大我国数字经济提出具体举措。数字时代对会计数字化转型提出了必然要求。加快推进会计数字化转型，一方面是贯彻落实国家信息化发展战略、推动数字经济和实体经济深度融合、建设数字中国的必然选择；另一方面对于推动会计职能拓展、提升我国会计工作水平和会计信息化水平具有重要意义。

财政部按照党中央、国务院决策部署，立足中国国情，坚持问题导向，加强对我国会计信息化工作的顶层设计。2021年11月，财政部印发《会计改革与发展“十四五”规划纲要》（以下简称《规划纲要》）提出了“以数字化技术为支撑，以会计审计工作数字化转型为抓手，推动会计职能实现拓展升级”的总体目标和“切实加快会计审计数字化转型步伐”的主要任务。按照《规划纲要》的总体部署，2021年12月，财政部印发了《会计信息化发展规划（2021－2025年）》

（以下简称《信息化规划》），提出了符合新时代要求的国家会计信息化发展体系，明确了“十四五”时期会计信息化工作的6个具体目标和9项主要任务，是做好当前和今后一段时期会计信息化工作的具体行动指引。

一、“十三五”时期会计信息化工作回顾

“十三五”期间，财政部以创新引领会计信息化，助力会计工作转型升级为目标，有序推进各项会计信息化工作，建立健全会计信息化工作制度体系并推动其有效实施，取得积极成效。

（一）积极推动企事业单位会计信息化工作转型升级。

部分单位已开展会计工作的集中处理，通过共享服务等多种模式，建立会计信息资源共享机制，进一步促进单位会计核算、会计报告，以及管理会计、内部控制等会计工作的职责分工，推动会计工作从传统核算型向现代管理型转变，为会计工作转型提供了坚实基础。

（二）推动企事业单位会计信息系统与业务系统的有机融合。

我国企事业单位会计信息化经历了传统财务软件、企业资源计划（ERP）、以数据为核心的数据治理系统等阶段。传统财务软件的广泛普及，夯实了企事业单位全面反映会计核算工作的能力；ERP在企事业单位的逐步普及，更加精准反映会计核算等会计信息系统与采购、销售、库存等业务系统的有机融合；部分大型企事业单位尝试积极以自描述结构化数据为基础，提升内部管理信息标准化，进一步促进了会计信息系统与业务系统的全面融合，提升了企事业单位的服务管理效能和经营管理水平，实现资源共享、互联互通。

（三）新一代信息技术推动了会计工作的创新发展。

大数据、人工智能、移动互联、云计算、物联网、区块链等新技术在会计工作中得到初步应用。各企事业单位开始积极使用财务机器人处理会计核算、费用报销、会计报告、资金结算等会计工作；部分企事业单位已开始探索推动财务会计工作的智能化，提升了会计核算、会计报告、管理会计、内部控制等会计工作的效率。

（四）深化会计资料无纸化应用实践。

有效实施企业会计准则通用分类标准，推动监管部门在监管领域制定和实施监管扩展分类标准。修订《会计档案管理办法》，出台电子会计凭证报销入账归档相关规定，消除了会计资料无纸化的政策障碍；引导企事业单位建设符合自身实际需要的电子会计档案管理机制；通过积极推广电子会计资料应用实践，初步降低了会计信息的生产、传输和存储成本。

二、“十四五”时期会计信息化工作面临的形势与挑战

随着经济社会数字化转型不断发展和新技术创新迭代，会计信息化工作面临诸多机遇和挑战。

（一）经济社会数字化转型全面开启，会计工作数字化转型有待进一步加强。

我国正在经历第四次工业革命的科技发展及技术快速迭代时期，大数据、人工智能、移动互联、云计算、物联网、区块链等数字技术

呈迅猛发展态势，应用场景也在不断深化，使经济社会数字化转型全面开启和深入推进，为新时期会计信息化应用场景全面转向数字化带来新的机遇，同时也带来了前所未有的挑战。运用新技术推动会计工作数字化转型，需要加快解决标准缺失、制度缺位、人才缺乏等问题。

（二）随着业务创新发展和新技术创新迭代，各单位业财融合需求更加迫切。

一方面，会计信息化应用水平程度较高的企事业单位对财务数据和业务数据进行标准化处理，初步实现了业财融合，同时业务创新发展和新技术创新迭代不断提出新的更高的业财融合需求；另一方面，多数企事业单位的业财融合仍然处在起步或局部应用阶段，对业财融合的需求非常迫切，也为会计数字化转型带来了困难。

（三）会计数据要素日益重要，数据治理工作任重而道远。

随着数字经济和数字社会发展，数据已经成为五大生产要素之一。会计数据要素是单位经营管理的重要资源，不仅能够帮助企事业单位更好地规划生产经营，更能有效地处理会计核算、会计报告、管理会计、内部控制等会计工作。通过将零散的、非结构化的会计数据转变为聚合的、结构化的会计数据要素，发挥其服务单位价值创造功能，是会计工作实现数字化转型的重要途径。进一步提升会计数据要素服务单位价值创造的能力是会计数字化转型面临的主要挑战。

（四）随着基于网络环境的会计信息系统的广泛应用，会计数据安全风险不容忽视。

网络时代，数据安全保障工作难度大大提高，基于网络环境的会计信息系统受到日益严重的网络安全威胁。会计数据在单位内部、各单位之间共享和使用，以及会计数据传输、存储等环节都存在数据泄露、篡改及损毁的风险，会计信息系统和会计数据安全风险不断上升，需要采取有效的防范措施。

三、“十四五”时期会计信息化工作的总体目标和主要任务

《信息化规划》在总结成绩、分析形势的基础上，提出了“十四五”时期会计信息化工作的总体目标和主要任务。

“十四五”时期，我国会计信息化工作的总体目标是：服务我国经济社会发展大局和财政管理工作全局，以信息化支撑会计职能拓展为主线，以标准化为基础，以数字化为突破口，引导和规范我国会计信息化数据标准、管理制度、信息系统、人才建设等持续健康发展，积极推动会计数字化转型，构建符合新时代要求的国家会计信息化发展体系。具体包括会计数据标准体系基本建立、会计信息化制度规范持续完善、会计数字化转型升级加快推进、会计数据价值得到有效发挥、会计监管信息实现互通共享、会计信息化人才队伍不断壮大等六个子目标，以及加快建立会计数据标准体系等九项主要任务。

（一）加快建立会计数据标准体系，推动会计数据治理能力建设。

统筹规划、制定和实施覆盖会计信息系统输入、处理和输出等环节的会计数据标准，为会计数字化转型奠定基础。

1. 制定实施输入环节的会计数据标准。在输入环节，加快制定、试点和推广电子凭证会计数据标准，统筹解决电子票据接收、入账和归档全流程的自动化、无纸化问题。目前，税务发票、财政票据、铁

路客票等各类原始凭证数据在各自领域已经实现数据标准化，但尚未建立国内广泛电子凭证的会计数据标准。财政部将联合有关部门，在统一电子凭证数据标准的前提下，解决电子票据在企事业单位实现接收、入账和归档全流程的自动化、无纸化。

2. 制定和实施处理环节的会计数据标准。在处理环节，探索制定财务会计软件底层会计数据标准，规范会计核算系统的业务规则和技术标准，并在一定范围对有关企事业单位进行试点，满足各单位对会计信息标准化的需求和相关监管部门穿透式获取会计数据系统底层数据的需求。

3. 制定和实施输出环节的会计数据标准。在输出环节，推广实施基于企业会计准则通用分类标准的企业财务报表会计数据标准，推动企业向不同监管部门报送的各种报表中的会计数据口径尽可能实现统一，降低编制及报送成本、提高报表信息质量，增强会计数据共享水平，提升监管效能。

（二）制定会计信息化工作规范和软件功能规范，进一步完善配套制度机制。

"十四五"期间，财政部将全面系统梳理现有各类会计信息化相关的法规、规范、制度，及时清理已实质失效或不再适用的会计信息化工作标准文件，确定会计信息化工作制度体系整体框架及各类制度之间的协调机制，确保各类会计信息化制度目标明确、功能清晰、内容完整、执行统一、相互协调。

1. 推动修订《中华人民共和国会计法》（以下简称《会计法》）。《会计法》明确提出了会计核算工作可以借助于电子计算机完成，使用电子计算机进行会计核算的，其软件及其生成的会计凭证、会计账簿、财务会计报告和其他会计资料，必须符合国家统一的会计制度的规定。

“十四五”期间，财政部将加快推进《会计法》修订工作，进一步明确单位使用会计核算信息系统开展会计核算工作应当遵循会计信息化工作规范和统一的会计数据标准，为单位开展会计信息化建设、推动会计数字化转型提供法治保障。

2. 制定完善会计信息化工作规范和软件功能规范。现行的《企业会计信息化工作规范》明确了企业使用的会计软件应当具备的基本功能，但未针对数字化环境下的会计工作实务进行更有针对性的规范。此外，目前很多会计软件的功能集中在会计核算工作领域，并未对管理会计等会计职能拓展领域作出原则性规定，适用范围也仅限于企业。“十四五”期间，财政部将在制定实施统一的会计数据标准的同时，完善会计信息化工作规范，制定软件功能规范，夯实规范信息化环境下的会计基础工作，提高财务软件质量，为会计数字化转型提供制度支撑。

3. 探索建立会计信息化工作分级分类评估制度和财务软件功能第三方认证制度。财政部将根据会计信息化工作的特点，综合运用顶层设计、系统建设、应用实践等多维指标，探索建立企事业单位会计信息化工作分级分类评估制度。同时，探索建立由财政部门牵头的财务软件功能第三方认证制度，指导和帮助企事业单位执行财务软件功能规范或选择符合功能规范的财务软件，督促单位提升会计信息化水平，推动会计数据标准全面实施。

（三）深入推动单位业财融合和会计职能拓展，加快推进单位会计工作数字化转型。

1. 深入推动单位业财融合建设。通过会计信息的标准化和数字化建设，推动企事业单位深入开展业财融合，充分运用各类信息技术，探索形成可扩展、可聚合、可比对的会计数据要素，提升数据治理水平。

2. 深入推动单位会计职能拓展。积极引导单位借助会计信息化手段夯实应用管理会计的数据基础，推动单位开展个性化、有针对性的管理会计活动，探索在数字经济和新技术赋能单位管理会计的可行性，加强绩效管理，增强价值创造能力。完善新技术影响下的内部控制信息化配套建设，推动内部控制制度有效实施。推动乡镇街道等基层单位运用信息化手段，提升内部控制水平。

3. 发挥会计信息化在可持续报告编报中的作用。积极推动企事业单位使用信息化手段开展可持续报告编报工作，提升单位可持续发展能力，加强社会责任管理，同时为可持续视角下的企业估值提供支撑，促进资源合理配置。

（四）加强函证数字化和注册会计师审计报告防伪等系统建设，积极推进审计工作数字化转型。

1. 加快构建注册会计师行业数据标准体系。围绕注册会计师行业审计数据采集、审计报告电子化、行业管理服务数据、电子签章与证照等领域，构建注册会计师行业数据标准体系，发挥数据要素对注册会计师行业的创新引领作用。

2. 鼓励会计师事务所进行数字化转型，积极探索注册会计师审计工作数字化转型。在大数据、人工智能、区块链等新技术的影响下，推动审计工作信息系统数字化，鼓励会计师事务所积极探索全流程的审计作业数字化、智能化。

3. 推进审计函证数字化工作。制定、完善审计函证业务规范和数据标准，鼓励指导会计师事务所审计函证集中处理系统的建设，通过积极开展审计函证数字化试点工作，鼓励行业审计函证电子化平台发展和规范、有序、安全运行。

4. 建立审计报告单一来源制度。建立健全审计报告单一来源制度，推动实现全国范围审计报告验证，相关监管部门可以获取单一来源的审计报告，从源头上治理虚假审计报告问题。

（五）优化整合各类会计管理服务平台，切实推动会计管理工作数字化转型。

1. 优化全国统一的会计人员管理服务平台。我国会计人员众多，会计人员信息是重要的数据资产。在目前全国会计人员管理服务平台以及各省会计人员管理服务平台的现有基础上，财政部将进一步优化全国统一的会计人员管理服务平台，健全机制，继续做好会计人员信息的采集、管理、维护和使用，有效发挥平台的监督管理和社会服务作用。

2. 构建注册会计师行业统一监管信息平台。借助于新技术，结合信息化和数字化手段，构建注册会计师行业统一监管信息平台，通过业务报备、电子证照和签章等手段，加强日常监测，提升监管效率和水平。此外，进一步加大会计师事务所信息披露力度，确保单位选聘会计师事务所所需信息的真实性和可靠性。

3. 升级全国代理记账机构管理系统。基于会计数字化转型，借助大数据、人工智能、知识图谱等新技术，升级全国代理记账机构管理系统，实现全国会计管理部门对行业发展的态势感知，确保各地会计管理部门对本地行业发展的实时掌握。同时，健全完善代理记账机构的信用信息公示制度，进一步提升代理记账行业事中事后监管效能。

4. 系统重塑会计管理服务平台。会计管理服务平台是服务会计机构、会计人员的重要手段。“十四五”期间，财政部将在现有基础上系统地重塑会计管理服务平台，稳步推进会计行业管理信息化建设，运用会计行业管理大数据，为国家治理体系和治理能力现代化提供数据支撑。

（六）加速会计数据要素流通和利用，有效发挥会计信息在服务资源配置和宏观经济管理中的作用。

1. 发挥会计信息在资源配置中的支撑作用。会计数据作为重要数据要素，在资源配置中发挥了重要作用。财政部以会计数据标准为抓手，支持各类票据电子化改革，解决会计数字化转型的输入数据瓶颈问题。同时，推进企业财务报表数字化，推动企业会计信息系统数据架构趋于一致，制定实施小微企业会计数据增信标准，助力缓解融资难、融资贵问题，促进会计数据要素的流通和利用，发挥会计信息在资源配置中的支撑作用。

2. 发挥会计信息对宏观经济管理的服务作用。利用大数据等技术手段，加强会计数据与相关数据的整合分析，及时准确反映宏观经济总体运行状况及发展趋势，为财政政策、产业发展政策以及宏观经济管理决策提供参考，发挥会计信息对宏观经济管理的服务作用。

（七）探索建立会计数据共享平台和协同机制，推动会计监管信息的互通共享。

“十四五”期间，财政部将联合有关部门积极推动会计数据标准的实施工作，在安全可控的前提下，探索建立跨部门的会计信息交换机制和共享平台，初步实现会计监管信息在不同监管部门之间形成互通共享，消除部门间的会计信息孤岛。到“十四五”时期末，初步实现各监管部门在财务报表数据层面和关键数据交换层面上的数据共享和互认，基本实现财务报表数据的标准化、结构化和单一来源，有效降低各监管部门间数据交换和比对核实的成本，提升监管效能。

（八）健全安全管理制度和安全技术标准，加强会计信息安全和跨境会计信息监管。

1. 健全会计信息安全管理制度和安全技术标准。会计信息是企事业单位重要的数据资源，其安全可靠至关重要。坚持积极防御、综合防范的方针，财政部将联合相关部门在全面提高单位会计信息安全防护能力的同时，重点保障各部门监管系统中会计信息的安全。同时，针对不同类型的单位，积极建立健全会计信息分级分类安全管理制度、安全技术标准和监控体系，加强对会计信息系统的审计，建立信息安全的有效保障机制和应急处理机制。

2. 加强跨境会计信息监管。积极探索跨境会计信息监管标准，努力寻求跨境会计信息监管方法和技术，研究可行的跨境会计信息监管路径，从制度上防止境内外有关机构和个人通过违法违规和不当手段获取、传输会计信息，切实保障国家信息安全。

（九）加强会计信息化人才培养，繁荣会计信息化理论研究。

1. 加强会计信息化人才培养。会计数字化转型离不开高水平人才的支持。“十四五”期间，财政部将加大会计信息化人才培养力度，推动各单位加强复合型会计信息化人才培养，高等院校适当增加会计信息化课程内容的比重，在会计人员能力框架、会计专业技术资格考试大纲、会计专业高等和职业教育大纲中增加对会计信息化和会计数字化转型的能力要求的比重。

2. 繁荣会计信息化理论研究。理论与实践的相互融合发展是推动会计数字化转型的重要动力。“十四五”期间，财政部将推动理论界研究会计数字化转型的理论与实践、机遇与挑战、安全与伦理等基础问题，研究国家会计数据管理体系、国家会计信息化发展体系等重大课题，同时联合理论界和实务界开展会计信息化应用案例编写、交流、推广，形成一批能引领时代发展的会计信息化前沿研究成果。

四、强化实施保障，确保“十四五”时期各项任务取得实效

（一）强化组织领导，明确职责分工。

财政部门是会计信息化改革的主推手。财政部要加强与中央有关主管部门的统筹协调，建立健全与相关部门运行高效、职能明确、分工清晰的会计信息化工作机制，实现政策制定和政策实施的联动协调，形成推进合力，积极开展会计信息化宣传和贯彻实施工作。各地区（部门）是会计信息化改革的执行者。有条件的地区（部门）可以结合实际情况，制定本地区（部门）的会计信息化发展规划或实施方案，切实将《规划纲要》和《信息化规划》各项任务落到实处。注册会计师协会要以行业信息化战略为引领，指导和推动会计师事务所数字化转型，推进行业高质量发展。积极发挥全国会计信息化标准化技术委员会的智库作用，加快制定会计信息化国家标准。

（二）精心推动实施，形成工作合力。

建立健全会计信息化工作实施机制，充分发挥各企事业单位、各代理记账公司、财务软件公司、相关咨询机构、中国会计学会等专业学会协会和高等院校、科研院所等理论界的主体作用，推动会计信息化工作的全面有效实施。各企事业单位是会计信息化改革的落地实践者。各单位负责人是本单位会计信息化工作的第一责任人，总会计师（或分管财务会计工作负责人）和财务会计部门要落实分管责任和具体

责任。各单位要高度重视会计信息化工作，结合本单位实际需要，制定会计信息化工作计划和方案，加强组织实施和经费保障，切实推动本单位会计信息化工作。各代理记账公司、财务软件公司、相关咨询行业也是会计信息化改革的重要推动者。代理记账公司要积极探索会计资源共享服务理念，探索打造以会计数据为核心的数据聚合平台，支持中小微企业会计数据资产实现价值。财务软件公司和相关咨询行业要切实加强对会计信息化系列软件产品的研发，探索新技术在会计信息化工作中的具体应用场景，积极助力会计数字化转型。中国会计学会等专业学会协会和高等院校、科研院所等理论界要在保持科学严谨态度基础上，突出问题导向，加强会计信息化最新理论研究和前沿探索，为会计数字化转型提供智力支持。

（三）加强监督考核，确保落地见效。

会计信息化工作的落地实施，离不开各级财政部门和中央有关主管部门的大力支持。各级财政部门和中央有关主管部门要对《规划纲要》和《信息化规划》确定的会计信息化工作目标任务进行细化分解，明确“十四五”时期每个阶段的进度安排，落实财政部门和有关主管部门的责任划分，加强对会计信息化建设的指导、督促与落实。各级财政部门和中央有关主管部门要定期检查、评估《规划纲要》和《信息化规划》的落实情况，深度挖掘会计数字化、智能财务、财务机器人等会计信息化工作的最佳案例实践，及时推广先进成熟的经验做法，同时针对会计信息化落地实施中存在的各类问题，及时采取有效措施，确保《规划纲要》和《信息化规划》确定的各项目标任务落到实处、取得实效。

贯彻落实全面依法治国新理念新思想新战略 扎实推进会计法治建设

——《会计改革与发展“十四五”规划纲要》系列解读之七

“法者，治之端也。”习近平总书记多次强调：“法治兴则民族兴，法治强则国家强。”全面依法治国，是国家治理领域一场广泛而深刻的变革。在“四个全面”战略布局中，全面依法治国具有基础性、保障性作用，落实好这一重大战略任务，对推动经济持续健康发展具有十分重要的意义。会计工作是市场经济活动的重要基础，也是经济管理的重要组成部分。加快完善中国特色社会主义会计法律规范体系，扎实推进会计法治建设，是落实《会计改革与发展“十四五”规划纲要》的重要举措，是社会主义市场经济正常运行的根本保障。

一、“十三五”时期我国会计法治建设取得的主要成绩

“十三五”时期，财政部坚持在全面依法治国战略统御下推进会计改革与发展、在会计改革与发展中完善会计法治，会计法治建设力度不断加大、步伐不断加快、成效不断彰显。

（一）科学立法，全面推进会计法律规范体系建设。

中国特色社会主义会计法律规范体系以《会计法》和《注册会计

师法》两部法律为统领，以《总会计师条例》和《企业财务会计报告条例》两部行政法规和若干部门规章为主干，以国家统一的会计制度和行业管理制度为重要组成部分，以地方会计法规制度为补充。

1. 加强顶层设计，加快推进“两法”修订。自2017年起，根据党中央、国务院有关决策部署，财政部先后启动《会计法》和《注册会计师法》全面修订工作，并取得实质性进展。一是《会计法》全面修订进入下一阶段立法程序。2017年，印发《〈中华人民共和国会计法〉修订工作方案》，成立财政部会计法修订工作领导小组，全面启动修法工作。2019年10月，形成《会计法修订草案（征求意见稿）》，面向社会公开征求意见。2020年以来，结合贯彻落实习近平总书记关于财会监督的重要讲话精神和党中央、国务院关于加强财会监督工作的决策部署，形成《会计法修订草案（送审稿）》，于2021年8月报请国务院审议。二是《注册会计师法》形成修订草案征求意见稿。2017年，启动《注册会计师法》修订工作。2018年，成立财政部注册会计师法修订工作领导小组。2021年10月，按照党中央、国务院关于整治财务审计秩序、遏制财务造假的系列指示批示精神，形成《注册会计师法修订草案（征求意见稿）》，面向社会公开征求意见。

2. 服务改革要求，做好相关法律法规修订。一是按照急用先出原则，《会计法》完成专项修正。为进一步推进简政放权、放管结合、优化服务改革，更大程度上激发市场、社会的创新创造活力，2016年12月8日，经国务院常务会议决议，国务院印发《国务院关于取消一批职业资格许可和认定事项的决定》（国发〔2016〕68号），将会计从业资格列入建议取消的职业资格事项。2017年11月4日，十二届全国人大常委会第三十次会议审议通过《关于修改〈中华人民共和国会计法〉等十一部法律的决定》，取消会计从业资格认定，自2017年11月5日起施行。这是《会计法》自1985年颁布实施以来的第三次修订（正），前两次分别为 1993 年的小范围修正和 1999 年的全面修订。二是落实“放管服”改革要求，相关部门规章修订有序推进。两次修订《会计师事务所执业许可和监督管理办法》（财政部令第 97 号），放宽会计师事务所准入条件，优化简化审批程序和环节，精简会计师事务所及其分支机构申请材料，简化会计师事务所跨省迁移程序，充实和强化会计师事务所取得执业许可后的监督管理内容；两次修订《注册会计师注册办法》（财政部令第 99 号），简化申请注册者需要提供的申请材料，完善相关监管和法律责任条款；修订《代理记账管理办法》（财政部令第 98 号），大力简化代理记账资格申请材料，压缩法定审批时限，优化代理记账审批服务方式，删除有关会计从业资格的规定，进一步放宽主管代理记账业务负责人的条件，激发市场主体活力；修订《会计基础工作规范》（财政部令第 98 号），删除有关会计从业资格的规定，并修改与其他会计法规规章存在明显不一致的规定。

3. 适应技术发展，夯实会计基础工作制度。自 2016 年 1 月 1 日起，新修订的《会计档案管理办法》（财政部、国家档案局令第 79 号）正式施行。新办法完善了会计档案的定义和范围，调整了会计档案的定期保管期限，增加并明确了电子会计档案的管理要求，以规范会计档案管理工作，提高会计档案现代化管理水平。2020 年 3 月，财政部、国家档案局印发《关于规范电子会计凭证报销入账归档的通知》，围绕电子会计凭证报销入账归档的合法性、规范性，从五个方面提出具体要求，以规范电子会计凭证纸质打印件报销入账归档工作，推动实现会计凭证报销入账归档全流程电子化。2018 年起，财政部组织开展系列课题研究，积极推进《会计基础工作规范》全面修订工作。

4. 提高服务效能，健全会计标准体系。一是政府会计准则制度体系基本建成并全面实施，制定发布 10 项具体准则及 2 项具体准则应用指南、1 项《政府会计制度——行政事业单位会计科目和报表》、3 项政府会计准则制度解释及1项事业单位成本核算基本指引、系列补充规定及新旧衔接规定等，为编制权责发生制政府财务报告、部门决算报告、行政事业性国有资产报告等奠定了坚实的制度基础。同时，为适应非营利组织及基金（资金）改革发展需要，修订《社会保险基金会计制度》，制定发布《〈民间非营利组织会计制度〉若干问题的解释》《住宅专项维修资金会计核算办法》等。二是企业会计标准体系建设与实施取得显著成绩，修订发布11项会计准则并组织编写应用指南，发布5项企业会计准则解释。同时，适应供给侧结构性改革和财税体制改革的要求，制定《增值税会计处理规定》等会计处理规定，全面服务经济发展大局，为经济高质量发展保驾护航。三是管理会计、内部控制和会计信息化标准体系建设迈上更高台阶。在管理会计建设方面，形成以1项管理会计基本指引为统领、以34项管理会计应用指引为具体指导、以50余项案例示范为补充的管理会计指引体系。在内部控制建设方面，印发《关于全面推进行政事业单位内部控制建设的指导意见》《小企业内部控制规范（试行）》等。在会计信息化建设方面，发布海关电子缴款书扩展分类标准等会计信息化标准，财政部等七部委印发《关于推进会计师事务所函证数字化相关工作的指导意见》，基于信息化的会计审计工作质量明显提升。

（二）规范执法，不断提升依法履职能力和水平。

各级财政部门依据《会计法》《注册会计师法》，扎实开展会计监督检查工作，持续深化“放管服”改革，有效提升了会计信息质量和会计师事务所执业质量，维护了会计监督权威。

1. 瞄准社会民生痛点，深入开展会计信息质量检查。一是会同国家医保局选取77家药企开展会计信息质量检查，对违法违规药企依法作出行政处罚，保障药品集中带量采购等重大改革的顺利推进。二是选择地方政府投融资性质企业、地方金控集团开展检查，重点关注其内部控制、资产质量和债务风险等情况，充分揭示风险隐患，切实规范会计秩序，有效防范系统性和区域性风险。三是组织力量对瑞幸咖啡公司境内运营主体开展会计信息质量检查，检查结果向社会公开发布，回应社会关切和舆论关注。

2. 聚焦执业风险焦点，切实抓好会计师事务所执业质量检查。切实履行会计监督法定职责，全面落实“双随机、一公开”要求，将全面轮查与重点检查相结合，重点整治低价竞争等扰乱市场秩序的行为，严厉打击执业走过场、走形式、卖报告等重大违规问题，不断提升会计师事务所执业质量。2016 至 2018 年，每年组织对证券资格会计师事务所开展检查，2018 年完成对 40 家证券资格会计师事务所的首次轮查；2019 年，组织对 5 家上市公司 2018 年度商誉核算、5 家证券资格会计师事务所执业质量开展专项检查，对 5 家 A + H 股上市公司开展跨境监管合作专项检查，纠正会计信息“失真”，维护市场经济秩序；针对康得新案中瑞华会计师事务所审计失败问题开展专项检查；对审计署移交在对 19 家央企审计中发现的 11 家会计师事务所的执业质量问题开展检查，对 6 名签字注册会计师给予警告的行政处罚。

3. 落实放管结合要求，加强代理记账行业执法检查。各地区通过承诺内容全覆盖检查、“双随机、一公开”日常检查、重点专项检查等方式，加强对本地区代理记账机构的监督和管理。如北京、天津等地主动加强与市场监督管理局的信息共享和沟通，及时发现并纠正代理记账机构“有照无证”等违法违规行为；浙江依托浙江省行政执法监管平台，充分运用互联网、大数据等技术，引领行政许可、执法监管数字化转型，实现代理记账机构全覆盖监管、全过程监管和智能化监管；安徽、山东等地按照不低于 20% 的抽查比例，对本地区代理记账机构的执业资格情况、业务开展情况、制度建设情况等开展检查；湖南发布《代理记账机构事中事后监管方案》，2019—2020 年组织对 199 家代理记账机构进行重点检查。

（三）深入普法，努力提高会计人员法治意识和法治素养。

1. 多措并举开展会计普法宣传。积极配合财政“七五”普法工作，做好对已发布会计法律法规等制度的宣传解读培训工作，并结合《会计法》和《注册会计师法》的全面修订开展普法宣传。广泛组织会计系统普法活动，创新方式方法，努力提高会计人员法治意识和法治素养。如各地普遍将《会计法》《会计基础工作规范》《会计人员管理办法》等相关法律法规制度纳入会计人员继续教育培训内容；湖南等地结合党史学习教育推进会计诚信教育，推动党史学习教育的成效不断转化为工作实效；广西积极开展行政事业单位会计基础工作规范化考核验收或复核验收工作，不断推进会计基础工作规范化建设；中国注册会计师协会制定《注册会计师诚信宣誓办法》，组织行业 1.6 万人进行诚信宣誓。此外，为强化《会计法》和国家统一的会计制度的贯彻实施，财政部于 2019 年 10 月印发《关于加强国家统一的会计制度贯彻实施工作的指导意见》，指导和规范基层单位和会计人员加强国家统一的会计制度的执行。

2. 加快推进会计诚信制度建设。一是先后印发《会计人员管理办法》《关于加强会计人员诚信建设的指导意见》《关于深化会计人员职称制度改革的指导意见》等文件，对会计人员从事会计工作提出具体要求，确立加强会计人员诚信建设的主要任务和重点内容，将职业道德作为会计人员评价的重要标准，引导广大会计人员遵纪守法、诚实守信；印发《会计专业技术人员继续教育规定》，完善继续教育形式，明确职业道德是会计人员继续教育的重要内容，并引入学分制管理。二是修订注册会计师职业道德守则，发布《中国注册会计师职业道德守则（2020）》和《中国注册会计师协会非执业会员职业道德守则（2020）》，于2021年7月1日起施行；会同有关部门印发《关于加强会计师事务所执业管理　切实提高审计质量的实施意见》，加强会计师事务所从事证券服务业务监管，严厉查处与打击财务造假等违法违规行为，引导会计师事务所质量优先发展。

二、“十四五”时期我国会计法治建设面临的形势和挑战

从“依法治国”到“全面依法治国”，从“社会主义法律体系”到“社会主义法治体系”，从“有法可依、有法必依、执法必严、违法必究”到“科学立法、严格执法、公正司法、全民守法”，我国法治建设的思路越来越清晰，定位越来越精准，举措越来越到位。随着时代和实践的发展，人民群众对法治的要求也越来越高，全面依法治国在党和国家工作全局中的地位更加突出、作用更加重大。全面依法治国，既是立足于解决我国改革发展稳定中的矛盾和问题的现实考量，也是着眼于长远的战略谋划。相较于全面依法治国要求，会计法治建设还存在以下问题与挑战：

（一）“两法”修订进程有待进一步提速。

《会计法》和《注册会计师法》是开展会计工作、实施社会审计的根本遵循，同时也是国务院财政部门制定国家统一的会计制度的法律依据。现行《会计法》以1999年的修订为蓝本，至今已施行20余年，对会计工作的基本要求已相对滞后，难以适应经济社会发展和会计行业发展的现状与需要，特别是在法律责任方面，相较于新修订的《证券法》，对会计违法行为的处罚偏轻偏软，使得《会计法》的震慑力大

打折扣；现行《注册会计师法》于1993年颁布实施，至今已施行近30年，经济社会及注册会计师行业均发生了巨大变化，部分条款已不适应行业发展的需要，存在法律责任界定不清晰、处罚偏轻、缺乏职业责任鉴定机制、未全面体现“放管服”改革要求、不适应当前新的经济形势和国际监管合作趋势等问题。上述两部法律目前虽已在修订进程之中，但仍需着力加快推动修订进程。

（二）会计监督有待进一步加强。

2020年1月，习近平总书记在十九届中央纪委四次全会上强调，要坚持和完善党和国家监督体系，以党内监督为主导，推动人大监督、民主监督、行政监督、司法监督、审计监督、财会监督、统计监督、群众监督、舆论监督有机贯通、相互协调。会计监督是财会监督的重要组成部分，党中央首次将财会监督纳入党和国家十大监督体系的重要决定，体现了党中央对会计工作及其职能作用的充分肯定和高度重视。习近平总书记关于加强财会监督的重要论述，对切实加强会计法治顶层设计具有重要的指导意义，对加快完善会计法治体系提出了新的更高要求。其中，推动财会监督在内的各项监督有机贯通、相互协调是目标、是方向，强化会计法治、加强财会监督是前提、是基础。当前，财务造假有抬头之势，导致会计信息失真，迫切需要加强会计监督、强化会计执法，以正本清源、纠偏纠错。

（三）会计诚信建设有待进一步强化。

“法治”的本质是“良法善治”。习近平总书记指出：“中国特色社会主义法治道路的一个鲜明特点，就是坚持依法治国和以德治国相结合，强调法治和德治两手抓、两手都要硬。”法律是成文的道德，道德是内心的法律；法律有效实施有赖于道德支持，道德践行离不开法律约束。诚信是会计行业的道德底线，是市场经济的基石。近年来频发的企业会计信息失真、上市公司财务造假、会计师事务所“看门人”职责履行不到位等问题，严重扰乱了社会经济秩序，既违反了《会计法》和《注册会计师法》等法律法规的规定，也违背了诚信这一道德底线。因此，会计行业的诚信建设任重道远。目前，会计领域完备科学的信用体系尚未建立，导致会计信用信息向市场的有效传导不足；相关法律惩戒偏轻偏软，且执法不严不力，难以对失信行为起到威慑作用；会计职业道德建设有待进一步强化，以发挥会计职业道德自律与他律的约束作用。

三、“十四五”时期我国会计法治建设的主要任务

《会计改革与发展“十四五”规划纲要》提出“会计法治更具约束刚性”的总目标，明确加快完善会计法治体系、切实加强会计执法检查、持续推进会计诚信建设等重点任务。“十四五”时期，将加快形成完备的会计法律规范体系、高效的会计法治实施体系，加快营造诚实守信的会计法治环境。

（一）提高立法质量，加快形成完备的会计法律规范体系。

治国无其法则乱，守法而不变则衰。越是强调法治，越是要提高立法质量。“十四五”时期，财政部将针对市场体系和监管体系培育完善过程中出现的新情况新问题，抓紧推进《会计法》和《注册会计师法》及其配套规章制度的修订，提高立法质量和效率。

1. 完善法律责任体系，大幅提高违法成本。切实加大对财务造假的处罚力度，突出单位负责人的主体责任，建立会计人员终身禁入制度。对违法情节严重的代理记账机构、会计师事务所和注册会计师，

处以暂停执业直至吊销执业许可的“资格罚”，形成有效震慑。对于资本市场财务造假和会计审计违法违规行为，推动处罚标准与《证券法》有效衔接、保持一致。在现有行政责任、刑事责任的基础上，增加对会计审计违法行为民事责任的追究。

2. 健全“三位一体”会计监督体系，切实加强会计监督。进一步强化单位内部会计监督，充分发挥注册会计师社会监督作用，不断丰富政府监督的内容和手段。在法律层面明确对单位建立和实施内部控制、加强内部会计监督的要求，从源头上遏制财务造假，确保会计信息真实、完整。明确财政部门建立以日常监管为基础、以重点检查为补充、以信用监管为保障的监督检查机制。推行严重失信主体名单管理制度，依法依规实施联合惩戒。

3. 增强执行国家统一的会计制度的刚性约束，有力维护制度权威。以维护会计标准的统一性、确保会计信息真实完整为出发点，在法律中进一步强调国家统一的会计制度的权威性，对未遵循国家统一的会计制度导致会计凭证、会计账簿、财务会计报告和其他会计资料严重失真的行为追究责任主体相应法律责任，使国家统一的会计制度成为各单位会计工作的“标尺”和“指南针”。

（二）提高依法行政水平，加快形成高效的会计法治实施体系。

天下之事，不难于立法，而难于法之必行。《法治政府建设实施纲要（2021－2025年）》中提出，要着眼提高人民群众满意度，着力实现行政执法水平普遍提升，努力让人民群众在每一个执法行为中都能看到风清气正、从每一项执法决定中都能感受到公平正义。会计法治建设中存在的问题，有的是因为修订完善不够及时、规范无据，但更多是因为有法不依、失于规制。各级财政部门是会计法治实施的重要主体，要推进严格规范公正文明执法，提高运用法治思维和法治方式的能力。

1. 加大会计执法力度。加强日常监管和执法检查，依法加大对上市公司、国有企业、金融企业等实体及相关会计师事务所检查力度，从源头上预防和化解违法风险。加大对会计违法违规行为的行政处罚力度和公开曝光力度，让严重违法者付出应有代价。畅通会计违法违规行为投诉举报渠道，对举报严重违法违规行为和重大风险隐患的有功人员依法予以保护。

2. 创新会计执法方式。广泛运用说服教育、劝导示范、警示告诫、指导约谈等方式，努力做到宽严相济、法理相融，让执法既有力度又有温度。同时，优化执法检查机制，统一执法标准、统筹执法机制、统合执法力量，提升执法检查的专业性、权威性，并推动以案释法，加强案例教育和警示教育。

3. 强化执法协作机制。推进跨部门联合执法，实现违法线索互联、执法标准互通、处理结果互认。在财政部主管全国会计工作、相关部门依职权对有关单位的会计资料实施监督检查的法定框架下，建立相互支持、密切配合、信息共享的联动机制，切实提高执法检查的协同性、处理处罚的威慑性、制度规定的权威性。

（三）探索建立会计诚信体系，加快营造诚实守信的会计法治环境。

法治意识、契约精神、守约观念是现代经济活动的重要意识规范，也是信用经济、法治经济的重要要求。在市场经济条件下，会计诚信是会计主体在会计信息的生产过程中，对会计信息使用者、其他利益相关者的一种基本承诺，也是会计人员必须遵循的基本道德和行为规范。朱镕基总理曾在北京国家会计学院题词：“诚信为本，操守为重，遵守准则，不做假账。”会计诚信要求会计主体和会计人员把国家和社会公众利益放在首位，把诚实守信作为安身立命之本。

1. 探索建立会计诚信体系，完善会计失信惩戒机制。创新事前环节会计信用监管，建立健全会计信用承诺制度，积极拓展会计人员信用信息应用。加强事中环节会计信用监管，全面建立会计行业信用记录，加强对会计主体的动态监管。完善事后环节会计信用监管，依法依规开展失信惩戒。违法情节严重的，坚决依法实施会计行业禁入措施。

2. 加大会计诚信教育，引导会计人员尽职尽责。加强会计诚信课程建设，结合新形势新任务新要求，构建不同财会群体的能力框架，将会计诚信作为能力框架的重要组成部分，教育引导会计人员增强会计诚信意识。完善会计人才评价体系，健全会计人才评价标准，既强调对专业胜任能力的评价，又突出对会计人才品德的评价，充分体现诚实守信、遵纪守法等基本职业素养。加强会计诚信教育与高等教育、会计人员继续教育、会计资格考试评价的结合，通过高等院校授课、会计人员继续教育、会计资格考试评价，持续不断地对会计专业学生、会计从业人员进行会计诚信观念的灌输，增强广大会计人员诚信从业的自觉性。

3. 注重会计诚信文化建设，健全会计人员守信激励机制。将会计人员信用信息作为先进会计工作者评选、会计职称考试或评审、高端会计人才选拔审查的重要依据。鼓励用人单位依法使用会计人员信用信息，优先聘用、培养、晋升具有良好信用记录的会计人员，使会计人员在潜移默化中提高诚信意识。注重发挥报纸、广播、电视、网络等媒体作用，大力宣传会计诚信模范等正面典型，深入剖析违反会计诚信的负面案例，引导会计人员树立诚信理念、践行诚信规范，提升社会整体会计诚信水平。

四、坚持以习近平法治思想为指导，确保各项任务落地见效

（一）完善立法工作机制，推进科学民主立法。

各级财政部门要聚焦实践问题和会计立法需求，提高会计立法的精细化、精准化水平；建立健全会计立法工作机制，增强立法的及时性、系统性、有效性，提高立法的科学性、合理性，增强会计法律法规的可操作性。各级财政部门和中央有关主管单位可依托会计学会、有关高校和科研机构，深入开展会计法治相关课题研究，为推进会计工作法治化提供理论支撑和决策参考；不断完善各类咨询专家工作机制，充分发挥各领域咨询专家在推进会计法治建设中的“智库”作用。各单位和广大会计人员要积极参与会计立法工作，积极通过各种渠道反馈需求和意见建议，使会计立法充分体现广大人民群众的意愿，更好地满足人民群众对会计法治的要求和期待。

（二）抓好科学理论武装，建设高素质会计法治工作队伍。

扎实推进会计法治建设，离不开一支高素质的会计法治工作队伍。会计立法是为会计审计行为立规矩、定方圆，各级财政部门应当努力提高会计立法人员的思想政治素质、业务工作水平和职业道德水准，使会计立法人员具备遵循规律、发扬民主、加强协调、凝聚共识的能力。会计执法是把“纸上的法律”变为“行动中的法律”的关键环节，各级财政部门和中央有关主管单位应当努力教育和引导会计执法人员忠于法律、捍卫法律、严格执法、敢于担当，增强“四个意识”、坚定“四个自信”、做到“两个维护”，抓好科学理论武装，铸就“金刚不

坏之身”，永葆忠于党、忠于国家、忠于人民、忠于法律的政治本色。

（三）加强普法宣传教育，推进会计人员尊法守法。

加强普法宣传教育是推进全面依法治国的基础性工作。各级财政部门和中央有关主管单位要以《会计法》和《注册会计师法》的全面修订为契机，引导社会各方面广泛参与立法，把立法过程变为宣传法律法规的过程，采取灵活多样的形式，畅通普法渠道，加大普法力度，扩大会计法律法规知晓度，促进单位负责人重视和支持单位依法开展会计工作。各单位要积极引导广大会计人员成为会计法治的忠实崇尚者、自觉遵守者、坚定捍卫者，使尊法、信法、守法、用法、护法成为会计人员的共同追求和自觉行动。

扎实推进企业和行政事业单位内部控制建设为推进国家治理体系和治理能力现代化提供重要支撑

——《会计改革与发展“十四五”规划纲要》系列解读之八

内部控制是企业和行政事业单位有效防范风险、规范权力运行的主要手段，也是会计职能拓展升级的重要支撑，更是推进国家治理体系和治理能力现代化的长效保障机制。贯彻落实党的十八届四中全会、十九届四中全会关于“强化内部流程控制，防止权力滥用”“健全分事行权、分岗设权、分级授权、定期轮岗制度”等决策部署，《会计改革与发展“十四五”规划纲要》（以下简称《规划纲要》）明确提出“修订完善内部控制规范体系，加强内部控制规范实施的政策指导和监督检查，强化上市公司、国有企业、行政事业单位建立并有效实施内部控制的责任”的改革任务，为做好当前和今后一段时期内部控制规范建设与实施工作指明了方向，提供了根本遵循。

一、“十三五”时期内部控制规范体系建立与实施工作取得的主要成绩

“十三五”期间，财政部建立健全我国企业和行政事业单位内部控制标准体系，联合有关部门大力推动主板上市公司、中央企业、行

政事业单位等各类型组织实施内部控制规范，积极发挥内部控制在规范单位内部运行、有效防范舞弊、保证会计信息真实完整、提升经营管理水平和风险防范能力等方面的重要作用。

（一）行政事业单位内部控制建设逐步加强。

贯彻落实《关于全面推进行政事业单位内部控制建设的指导意见》提出的“建立内控报告制度”要求，2017 年 1 月，财政部印发了《行政事业单位内部控制报告管理制度（试行）》，并连续五年组织开展了行政事业单位内部控制报告编报工作，通过“以报促建”的方式，指导督促各级各类行政事业单位加强内部控制建设。截至 2020 年底，全国 56 万多家行政事业单位编制并报送单位年度内部控制报告。各级各类行政事业单位的内控意识逐步提高，内控体系逐步完善，内部控制在防范行政事业单位内外部风险、保证会计信息真实完整等方面发挥了积极作用。

（二）企业内部控制规范稳步实施。

“十三五”期间，财政部会同证监会积极推动上市公司实施企业内部控制规范，披露内部控制评价报告和审计报告，并连续五年对上市公司执行企业内部控制规范情况进行监测分析，发布相关分析报告，引起资本市场的广泛关注。2016 年至 2020 年间，我国披露内部控制评价报告的上市公司从 2900 家增加至 4000 家，聘请会计师事务所对内部控制有效性进行审计并出具审计报告的上市公司数量从 2300 家增加至 3000 家。上市公司实施企业内部控制规范的数量逐年增加，实施效果逐渐提高。内部控制在提高上市公司信息披露质量、保护投资者合法权益等方面发挥了重要作用。

此外，财政部还会同国务院国资委等部门，积极推动中央企业实施企业内部控制规范，完善内部控制体系。截至2020年底，全部中央企业基本建立起规范、完善的内部控制体系，提高了国有企业治理水平，增强了国有经济的抗风险能力。

（三）小企业内部控制规范初步建立。

为提高小企业经营管理水平和风险防范能力，2017年7月，财政部印发了《小企业内部控制规范（试行）》，紧扣我国小企业面临的主要风险和管理困难，引导小企业加强内部控制建设，推动广大小企业的规范健康发展。同时，财政部通过宣传培训、编写上报信息、刊发解读性材料等方式，多措并举指导小企业建立健全内部控制体系，助力小企业经营管理者逐步提升内部控制意识和风险防范能力。

二、“十四五”时期内部控制规范体系建设与实施面临的形势和挑战

随着全面依法治国深入推进和经济社会蓬勃发展，企业和行政事业单位内部控制规范体系建设与实施工作面临诸多机遇和挑战。

（一）全面依法治国要求持续深入开展内部控制规范体系建设与实施工作。

党的十九大把坚持全面依法治国作为新时代坚持和发展中国特色社会主义的基本方略之一。党的十八届四中全会对依法治国提出了全方位的论述，明确提出加强对内部权力的制约，要求“对财政资金分配使用、国有资产监管、政府投资、政府采购、公共资源转让、公共工程建设等权力集中的部门和岗位实行分事行权、分岗设权、分级授权，定期轮岗，强化内部流程控制，防止权力滥用”。党的十九届四

中全会进一步提出“健全分事行权、分岗设权、分级授权、定期轮岗制度，明晰权力边界，规范工作流程，强化权力制约”。这就要求我们持续完善内部控制规范体系，进一步推动各单位强化内部控制，形成科学有效的权力制约和协调机制，把权力关进制度的笼子里，用制度管权管事管人，确保各单位按照法定的权限和规定的程序行使权力。

（二）强化财会监督要求充分发挥内部控制的全过程监督作用。

十九届中央纪委四次全会首次将财会监督纳入党和国家监督体系，并对财会监督与其他形式的监督有机贯通、相互协调提出明确要求。内部控制作为财会监督的重要手段，将制衡机制、授权审批等控制措施有效嵌入单位日常管理活动之中，可以实现“控制关口”前移，有助于发现问题、纠正偏差，具有事前、事中和事后全过程监督的特点。这就要求我们充分发挥内部控制的全流程监督作用，联合证监会、国资委和各行业主管部门，建立权威高效的内部控制规范执行机制，加强对上市公司、国有企业和各级行政事业单位建立健全并有效实施内部控制规范的评价和监督，逐步提高内部控制规范的实施效果。

（三）会计职能的拓展升级对内部控制规范体系建设与实施提出更高要求。

长期以来，会计工作侧重于会计核算，主要是为外部相关单位和人员提供并解释历史会计信息，考虑外部投资者、社会公众和外部审计较多，而利用会计信息参与内部经营管理决策、加强风险管控等较少。随着经济转型升级和创新发展，会计工作的职能职责发生着重大变化，会计的管理职能作用有待拓展升级。这就要求我们进一步强化内部控制规范的建设与实施，充分发挥内部控制在辅助管理决策、风险管控等方面的职能作用，助力会计工作的转型升级。

（四）经济社会的不断发展对完善内部控制规范体系提出迫切要求。

伴随着经济社会蓬勃发展，各种新技术、新业态、新模式不断涌现，对内部控制提出了新的挑战。相比之下，现行的内部控制规范对新商业模式、新交易类型的内部控制支撑不足，对大数据、人工智能、区块链等新一代信息技术环境下的内部控制应对不及时，内部控制规范服务经济社会发展的能力亟待增强。这就要求我们持续健全完善内部控制规范体系，一方面完善企业内部控制规范，增加与新技术、新业务相关的内部控制指引；另一方面，健全行政事业单位内部控制规范，更好地发挥内部控制在服务财政中心工作、推进国家治理体系和治理能力现代化中的重要支撑作用。

三、“十四五”时期内部控制规范体系建设与实施工作重点及具体措施

“十四五”时期是我国由全面建成小康社会向基本实现社会主义现代化迈进的关键时期，我国内部控制规范体系建设与实施工作面临着新的更高要求。《规划纲要》在总结成绩、分析形势的基础上，从完善内部控制规范体系、加强内部控制规范贯彻实施、强化各单位内部控制责任等方面，提出了“十四五”时期内部控制规范体系建设与实施工作的具体举措。“十四五”期间，财政部将围绕服务推进国家治理体系和治理能力现代化，结合国内外内部控制理论与实践界的不断发展，持续增强我国内部控制规范体系的权威性和指导性，推动我国内

部控制规范体系建设与实施工作取得新的更大发展。

（一）加强内部控制相关法治建设。

法治建设是内部控制规范体系持续建立健全并有效实施的重要保障。“十四五”期间，财政部将加强内部控制相关法治建设，积极推动修订《会计法》《注册会计师法》《行政单位财务规则》《事业单位财务规则》等法律法规和部门规章，明确相关单位建立健全内部控制体系的要求，压实单位负责人的责任，强化对虚假披露内部控制信息的处罚力度，将内部控制审计纳入注册会计师法定业务。

（二）进一步健全完善并有效实施企业内部控制规范。

1. 系统梳理修订企业内部控制规范体系。立足我国企业实际，坚持问题导向和系统思维，系统梳理现行企业内部控制规范体系，加强对特殊行业、特定业务事项及特定类型企业内部控制的研究，修订完善企业内部控制规范，以更好指导企业开展内部控制体系建设。

2. 推动上市公司有效实施企业内部控制规范。“十四五”期间，财政部将会同证监会等监管部门，进一步扩大上市公司实施内部控制规范的范围，加强对上市公司实施企业内部控制规范的管理、指导和监督，不断提高上市公司治理水平和信息披露质量，保护投资者合法权益，促进我国资本市场健康发展。一是扩大实施范围。在原中小板上市公司并入主板实施企业内部控制规范的基础上，进一步扩大上市公司实施内部控制规范的范围。二是加强政策指导。针对当前高发的上市公司财务造假案例，印发《关于进一步提升上市公司财务报告内部控制有效性的通知》，加强对上市公司实施企业内部控制规范的政策指导，规范会计师事务所内部控制审计行为，提升上市公司财务报告内部控制的有效性和会计信息质量。三是强化监督检查。会同证监会等部门，形成监管合力，加强对上市公司执行企业内部控制规范情况，特别是上市公司内部控制有效性和内部控制重大缺陷认定及整改情况的监督检查，持续提升内部控制监管效能。

3. 推动国有企业有效实施企业内部控制规范。国有企业作为国民经济的重要支柱，应当在贯彻实施企业内部控制规范中发挥表率作用。"十四五"期间，财政部门将会同各级国有资产监管机构推动国有企业有效实施企业内部控制规范。一是针对国有企业的投融资、金融衍生交易、境外投资等高风险业务，指导国有企业完善决策机制、优化业务流程，健全内控措施，强化监督检查，有针对性地加强对国有企业执行企业内部控制规范的政策指导。二是在中央企业实施企业内部控制规范的基础上，适时推动其他类型国有企业和地方国有企业执行企业内部控制规范，全面提高我国国有企业经营管理水平和风险防范能力。

（三）持续修订完善并有效实施行政事业单位内部控制规范。

1. 建立行政事业单位内部控制规范体系。财政部门和各行业主管部门加强统筹协调、明确职责分工，加强对行政事业单位内部控制规范体系建设的分类指导，逐步完善行政事业单位内部控制规范体系。建立"制订完善－指导实施－监督评价"的闭环管理机制，提高行政事业单位内部控制规范的实施效果。

2. 完善行政事业单位内部控制报告制度。在优化完善并适度简化报送要求的前提下，持续开展行政事业单位内部控制报告编报工作，并对行政事业单位执行内部控制规范情况进行分析，形成相关分析报告，为完善行政事业单位内部控制规范体系提供基础数据支撑。鼓励各地区、各部门开展内部控制报告分析应用、内部控制监督检查等工作。

3. 强化行政事业单位内部控制规范的落地实施。各级行政事业单位要不断完善新技术影响下的内部控制信息化配套建设，充分利用信息化手段，将各项控制措施嵌入信息系统中，推动内部控制规范的有效实施，不断提升单位内部控制水平。各级财政部门要总结提炼行政事业单位内部控制建设典型案例和先进经验，开展行政事业单位内部控制案例库建设，供有关行政事业单位开展内部控制建设时参考借鉴，不断提高行政事业单位内部控制规范实施效果。

四、强化实施保障，确保“十四五”时期各项任务取得实效

内部控制规范体系建设与实施工作是一项长期复杂的系统工程，需要各地区、各部门、各单位上下一心、通力合作、统筹谋划、协同推进。

（一）加强组织领导，明确主体责任。

一分部署，九分落实。财政部要继续发挥内部控制规范体系建设与实施的主导作用，加强与证监会、国资委等监管部门和各行业主管部门的协同配合，齐抓共管形成合力。各地区、各部门要高度重视本地区（部门）内部控制工作，提高政治站位，加强组织协调，积极推进内部控制规范体系在本地区（部门）全面有效贯彻落实。各单位负责人要切实加强对内控工作的组织领导，推动本单位内控体系建设与实施工作，同时以身作则、以上率下，带头遵守和执行内部控制规定，

并对单位内部控制的有效性承担主体责任。

（二）开展监督评价，确保有效实施。

加强对单位内部控制建设与实施工作的监督检查，是内部控制规范体系有效实施的重要保障。各地区、各部门应当加强对各单位内部控制建立与实施情况的监督检查，对于发现的问题和薄弱环节，要督促各单位及时加以整改落实，同时推动内部控制与审计、巡视、纪检监察等其他监督方式的有效贯通，形成监督合力。各单位应当建立健全内部控制的监督检查和自我评价制度，通过日常监督和专项监督，检查内部控制建设与实施过程中存在的突出问题和内控缺陷，并有针对性地制定整改措施，明确整改时限和要求，进一步改进和加强单位内部控制。

（三）坚持问题导向，强化成果运用。

内部控制建设与实施工作要坚持问题导向，各单位要针对重点业务领域和关键岗位，明确权责分工，优化业务流程，查找存在的薄弱环节和风险隐患，开展风险评估，完善内控措施，提高内部控制的针对性和有效性，充分发挥内部控制在单位发展中的保驾护航作用。各地区、各部门应当加强内部控制评价结果、内部控制审计意见、内部控制报告等监督评价结果的有效运用，将内部控制监督评价结果作为预算安排、绩效考核评价、责任追究等工作的重要参考。

（四）加强宣传培训，营造良好氛围。

各地区、各部门、各单位要加大宣传教育和培训力度，把内部控制建设与实施工作与全面依法治国、惩治和预防腐败、推进国家治理体系和治理能力现代化等党中央的决策部署相衔接，广泛宣传加强单位内控体系建设的必要性和紧迫性，广泛宣传内部控制相关先进经验和典型做法，引导单位广大干部职工自觉提高风险防范和抵制权力滥用意识，为全面推进内部控制规范体系建设与实施工作营造良好的环境和氛围。

全面深化管理会计应用
积极推动会计职能拓展

——《会计改革与发展“十四五”规划纲要》系列解读之九

管理会计工作是会计工作的重要组成部分。全面深化管理会计应用，是增强企业价值创造力，推动企业高质量发展的内在需要；是推进行政事业单位预算绩效管理、建立事业单位法人治理结构的基本要求；是建立现代财政制度、推进国家治理体系和治理能力现代化的重要举措。2021 年 11 月，财政部印发《会计改革与发展“十四五”规划纲要》，提出了“推动会计职能对内拓展”的主要任务，而全面深化管理会计应用，即是推动会计职能对内拓展的重要任务之一。

一、“十三五”时期管理会计工作取得的主要成绩

“十三五”期间，财政部立足国情，创新机制，以发展与我国社会主义市场经济体制相适应的管理会计为目标，加强管理会计体系建设，推动管理会计指引体系实施，积极提升会计工作管理效能。以管理会计基本指引为统领、以管理会计应用指引为具体指导、以管理会计案例示范为补充的管理会计指引体系基本建成，管理会计理论研究成果不断丰富，管理会计信息化支撑蓬勃发展，管理会计人才队伍培养和建设不断加强。

（一）管理会计指引体系基本建成并发挥效用。

为贯彻落实《财政部关于全面推进管理会计体系建设的指导意见》，按照“入企业、入学术、入院校、入国际”的根本要求，“十三五”时期，财政部积极构建管理会计指引体系。一是建立储备，开展专项课题研究。2016 年、2017 年连续两年，财政部在积极宣传管理会计理念的同时，推动管理会计指引体系与实践相结合，认真引导开展管理会计研究，完成了 47 项管理会计专项课题研究，开展管理会计征文和案例征集活动，共收到征文 1095 篇，案例近 700 个，为构建统一、科学、有效的管理会计指引体系做好技术储备。二是奠定基础，发布管理会计基本指引。管理会计基本指引是建立指引体系的首要工作，也是制定应用指引和案例库的基础，对应用指引、案例库起到统驭作用。2016 年，为推进管理会计指引体系建设，切实指导管理会计实践，立足国情、借鉴国际，财政部制定发布了《管理会计基本指引》，将管理会计普遍规律上升到标准，对管理会计应用的核心内容进行总结、提炼，为管理会计体系建设提供了保障。三是搭建主体，发布管理会计应用指引。在管理会计指引体系中，应用指引居于主体地位，是对单位如何正确、有效地选择和应用管理会计工具方法提供的具体指导。本着“先急后缓，先一般业务后特殊业务，成熟一批、发布一批”的原则，2017 年以来，财政部分批发布系列管理会计应用指引，并随着实践的发展而不断丰富完善。2017 年 9 月 29 日，发布《管理会计应用指引第 100 号——战略管理》（财会〔2017〕24 号）等首批 22 项管理会计应用指引。2018 年 8 月 17 日，发布《管理会计应用指引第 202 号——零基预算》（财会〔2018〕22 号）等 7 项管理会计应用指引。2018 年 12 月 27 日，发布《管理会计应用指引第 204 号——作业预算》（财会〔2018〕38 号）等第三批 5 项管理会计应用指引。截至 2018 年底，共制定印发了34项管理会计应用指引，包括7项概括性指引和27项工具方法指引，概括性指引主要介绍本领域内相关管理会计工具方法的共性内容，工具方法指引主要介绍相关工具方法的应用环境、应用程序和应用评价等。

至此，标志着我国管理会计指引体系基本建成。该指引体系包括1项管理会计基本指引和34项应用指引，分别按照战略管理、预算管理、成本管理、营运管理、投融资管理、绩效管理和其他领域，介绍了不同领域的管理会计工具方法，精准施策，切实增强标准的针对性、指导性、操作性。管理会计指引体系开创了国际管理会计领域先河，起到了优化资源配置、降低要素成本、提高管理效率的重要作用。

（二）管理会计理论研究成果不断丰富。

一是指导实践，建立开放式管理会计案例库。案例库是管理会计指引体系的重要组成部分，是管理会计指引指导实践的有效途径。财政部自2016年初开始建设管理会计案例库，发布“案例库的开发与构建研究”专项课题，以建立中国管理会计实践操作示范为目标，以培养管理会计人才为目的，确定了管理会计案例库的基本目标、功能定位及其实现机制、示范案例的写作规范等。印发了《关于开展管理会计案例征集活动的通知》（财办会〔2016〕4号），在全国范围开展案例征集活动，历经案例征集、案例初评、示范案例交流培训、专家评审和案例修改等阶段，建立了开放式管理会计案例库，第一批收录54个案例。入库案例具备较高的规范性、典型性和示范性，总结、推广了我国管理会计实践经验，推进单位对管理会计应用指引的理解和应用，达到了为管理会计应用指引提供实例示范的要求。2019年出版了《管理会计案例示范集》，具体展示了相关管理会计工具方法在不同行业、不同性质、不同规模单位中的应用，帮助相关人员全面理解和掌握管理会计应用指引，为单位应用相关管理会计工具方法提供参考。同时，充分利用管理会计专项课题、部校长期共建课题等研究成果，多渠道增加示范案例，不断充实丰富案例库。实践证明，管理会计案例库作为管理会计指引体系的重要组成部分，对管理会计各项指引的落地实施，以及推动管理会计实践创新，起到重要的示范引领作用。二是巩固管理会计咨询专家机制成效。管理会计咨询专家机制自建立以来，充分发挥了服务管理会计政策制定的智库作用，有效连接了管理会计理论界和实务界，推动了管理会计各项工作加快发展，为管理会计体系建设提供了有力机制保障。为巩固咨询专家机制作用，团结专家队伍、凝聚专家力量、发挥专家优势，财政部于2016年、2019年公开选聘了财政部第二、三届管理会计咨询专家，达到了凝聚发展管理会计的思想共识，扩大管理会计影响力的效果。三是开展管理会计行业研究。2018年印发《企业产品成本核算制度——电网经营行业》，规范电网经营企业产品成本核算，促进电网经营企业加强成本管理。2020年，财政部及时组织管理会计咨询专家研究分析疫情对各行业单位的影响，组成十个专家小组，分产业分行业开展调研和访谈，向社会公开发布五辑“管理会计行业调研报告及案例”，该调研报告将各行业灵活运用管理会计加强与改进单位管理、对冲疫情影响的经验做法以案例形式公布，供各行业单位进行参考，助力行业单位提质增效。四是加强管理会计国际交流和宣传。为借鉴国际管理会计发展经验，推动和宣传我国管理会计体系建设，财政部从2019年起获得国际会计师联合会下属工商业界职业会计师委员会委员席位，深入参与工商业界会计人员面临新技术的挑战及其对财务职能发展趋势的影响、风险管理、业绩管理等管理会计议题，并积极介绍和宣传我国推进管理会计工作的成果，加强我国在国际管理会计研究和制定领域的话语权。

（三）管理会计信息化支撑蓬勃发展。

一是国内大型企业基本都建立了共享服务中心。自建立管理会计指引体系以来，越来越多的企业开始重视管理会计信息化建设，借助先进的信息技术，建立起财务和业务共享的信息平台，推进财务工作不断向业务领域全过程延伸，促进公司管控能力的提升。通过业务系统与财务系统的高度集成和融合，实现信息的自动传递和转化，从而支持企业核算的自动处理和信息存储，产生管理决策所需要的会计信息，支撑企业管理决策，促进了业财融合和管理会计应用。二是以信息化手段为企业管理决策提供服务。将会计信息系统与企业的业务信息系统融会贯通，“十三五”时期，以云计算为基础的“软件即服务”模式（SAAS）已占中小企业财务软件市场70%以上，其中包含经济活动分析等基本的管理会计功能；60%以上的大型企业集团利用了云技术，为管理会计应用奠定了良好的数据基础和信息化环境。

（四）管理会计人才队伍培养和建设不断加强。

建设有中国特色的管理会计体系，关键在于人才。管理会计人才培养是其他各项建设的依托，管理会计在实践中的运用、管理会计研究、案例库建设等管理会计各项工作都需要由管理会计人才予以实施。“十三五”时期，财政部在会计人才培养框架下，实施一系列管理会计人才培养项目，加强对企业总会计师、行政事业单位财务负责人的培养，发挥高端会计人才的引领辐射作用。截至2020年底，共有1802人入选全国高端会计人才培养工程，毕业1071人；实施大中型企事业单位总会计师素质提升工程，培训6.7万人次。北京、上海、厦门三家国家会计学院管理会计面授50余万人次，在线培训人次60余万人次；总会计师协会管理会计培训20余万人次。

二、"十四五"时期面临的形势和挑战

一方面，新发展阶段为管理会计提供重要机遇。"十四五"时期是我国由全面建成小康社会向基本实现社会主义现代化迈进的关键时期，《中共中央关于制定国民经济和社会发展第十四个五年规划和二〇三五年远景目标的建议》明确要求，把新发展理念贯穿发展全过程和各领域，构建新发展格局，切实转变发展方式，推动质量变革、效率变革、动力变革，实现更高质量、更有效率、更加公平、更可持续、更为安全的发展。加快构建以国内大循环为主体、国内国际双循环相互促进的新发展格局，推进国家治理体系和治理能力现代化。发展动力要从主要依靠资源和低成本劳动力等要素投入转向创新驱动，必须牢固树立和贯彻落实创新、协调、绿色、开放、共享的发展理念，坚持以供给侧结构性改革为主线，提高发展质量和效益。传统产业转型升级、现代产业体系协同发展，新形势、新任务、新要求都需要进一步提高对管理会计重要性的认识，贯彻新发展理念，推动高质量发展，更好开启现代化新征程，是管理会计应用在"十四五"时期取得突破的重要机遇。在这样的形势下，大力加强管理会计应用和实践，对于推进国家治理体系和治理能力现代化，建立完善现代企业制度、增强核心竞争力和价值创造力，为财政部门深化会计改革，推动会计职能对内对外双向拓展，推进会计行业提质增效都有着十分重要的意义。这就要求我们，要不断加强管理会计工作，激发管理活力，从管理会计应用层面进行创新，在宏观经济治理和微观财务管理中体现更多担当，在助力会计工作提质增效中发挥更大作用。

另一方面，数字化时代对会计工作产生深远影响。习近平总书记

指出“数字技术正以新理念、新业态、新模式全面融入人类经济、政治、文化、社会、生态文明建设各领域和全过程，给人类生产生活带来广泛而深刻的影响。”数字化逐渐成为支撑社会经济运转的重要方式。当今世界，新产业革命、技术革命方兴未艾，5G、人工智能、大数据、物联网、生物工程、新能源为代表的新技术、新产业迅速崛起，对传统的会计组织方式、会计职能手段等产生了重大而深远的影响，传统的财务会计职能已无法应对管理层对财务信息的多元化需求，已从单纯的记账报账核算扩展到利用有关信息来预测发展前景、制定战略规划、参与管理决策、评价经济活动等多方面。数字化时代越来越依据分析结果做决策，需要通过管理会计梳理、过滤、捕捉有价值的信息，并将其转化为生产力。市场竞争日趋激烈，企业对财务信息和非财务信息的整合性、及时性和准确性提出了更高的要求，管理会计逐步走到了业务前端，发挥其在战略制定、事前预测、事中管控中的重要角色。随着数字化时代的到来，新兴技术的不断涌现也为管理会计信息化建设提供了新的契机和前景，为管理会计的发展壮大创造了良好的基础环境，新技术与管理创新融合，为管理会计注入了新的活力，充实了新的内涵。

相较于国内外经济形势的变化、数字经济的发展和推动贯彻落实新发展理念的要求，整体而言，目前管理会计在企事业单位的应用还存在着思想认识不到位、发展不平衡、应用落地难、人才支撑不匹配、工具方法的理论与实践应用仍存在脱节等诸多问题。从某种意义上说，化解挑战就是机遇。管理会计的生命力在于应用，本质是通过收集、处理财务和业务信息，分析过去、管控现在、预测未来，服务单位的价值创造和效能提升。“十四五”时期，要以全面深化管理会计应用为着力点，积极推动会计职能拓展。

三、“十四五”时期全面深化管理会计应用的主要举措

《会计改革与发展“十四五”规划纲要》指出，推动会计职能对内拓展要加强对企业管理会计应用的政策指导、经验总结和应用推广，推进管理会计在加速完善中国特色现代企业制度、促进企业有效实施经营战略、提高管理水平和经济效益等方面发挥积极作用。加强管理会计在行政事业单位的政策指导、经验总结和应用推广，为行政事业单位提升内部治理水平作出有益探索。

（一）研究出台进一步深化管理会计应用的指导意见。

管理会计在企业中围绕提升绩效，在行政事业单位中围绕提升综合效能，提供各种决策支持，与会计工作、会计人员、会计管理的转型升级紧密相关，是“十四五”时期会计职能对内拓展的重要领域。财政部将出台进一步深化管理会计应用的指导意见，作为继《财政部关于全面推进管理会计体系建设的指导意见》之后的又一基础性政策安排，主要目标是聚焦管理会计应用，深入推进管理会计理论创新，推广管理会计应用方法，加强管理会计人才队伍建设，提升面向管理会计的信息系统建设水平，全面提高我国管理会计体系建设质量。解决制约管理会计发展的重点难点问题，增强企事业单位的内生动力，实现我国管理会计跨越式发展。推动会计行业进一步向专业化和价值链高端延伸，进一步发挥政府、社会、单位协同机制，以管理会计人才建设为依托，统筹推进管理会计各项建设，为新时代我国经济社会高质量发展提供有力支持。

（二）研究制定管理会计应用指南。

管理会计实践具有鲜明的开放性、灵活性和差异化特征，管理会计内容涵盖单位各个方面，不同类型的单位推进管理会计的侧重点和步骤有所不同，管理会计理论和工具方法要与单位的具体实际相结合，不同行业、不同企业、不同发展阶段，在管理会计应用上要有不同侧重，选择适用的工具方法。针对这一推动管理会计应用的难点，财政部将加强分类指导，针对具体行业、重点领域、常用工具，适时组织编写应用指南，在管理会计指引与企事业单位管理会计实务之间架设桥梁，既要总结普遍规律，加以推广应用，又要根据不同情况，从实际出发，有计划、分情况地稳妥实施，解决实务当中的问题，加强管理会计指引的可操作性和应用落地，促进管理会计工作的实践推广。

（三）加大管理会计人才培养力度。

针对管理会计应用的需要，财政部将扩大具有管理会计技能的高端会计人才培养规模，完善高端会计人才的能力框架。在会计专业技术资格考试大纲中加大管理会计权重，将管理会计纳入会计相关资格考试和会计人员后续教育体系，提升现有会计人员综合素质和能力。适当增加信息化技术的考试内容。财政部将继续依托现有全国高端会计人才培养工程、总会计师素质提升工程、国际化高端会计人才培养计划等，推进管理会计高端人才培养；同时，鼓励国家会计学院以及各高等院校等强化管理会计课程体系和师资队伍建设，加强管理会计专业方向建设和管理会计人才培养。鼓励并支持各单位立足本单位的实际情况，根据实务需要，开展管理会计学习培训，为深化管理会计应用提供良好的人才基础。

（四）建立常态化案例库建设机制。

建立管理会计案例库建设的长效机制是全面深化管理会计应用目标的重要手段。财政部将从案例库建设的规划与组织机制、开发机制、评审机制、使用机制、激励机制和保障机制等多个方面进行系统的规划和设计，实现案例库建设的完整闭环管理，以形成一个常态化和可持续性的长效机制。同时，继续推动将实践中经验和做法总结提炼为典型案例，丰富完善管理会计案例库。继续推动各级财政部门和企事业单位开展管理会计应用试点，探索管理会计工具方法与单位管理实务结合的最佳做法，及时跟踪试点单位实施情况并总结试点经验，逐步形成并扩大试点单位的良好示范效应，带动更多单位推进管理会计应用，提升管理水平。通过案例总结提炼中国管理会计实践经验模式，形成可复制、可操作的应用模式，切实服务于各单位管理水平的提升，实现单位高质量发展，进而推动中国管理会计实践经验的体系化与常态化。

（五）全面提升管理会计信息化水平。

单位的信息化建设是管理会计工作开展的重要基础。为满足精细化管理、科学化决策和有效防控风险的要求，财政部将主动适应数字化变革的时代趋势，把提质增效与数字化转型相结合，以会计数据标准为先导，以数字化技术为支撑，加快构建国家统一的会计数据标准体系，加快制定试点推广会计数据标准，为单位应用管理会计提供良好的基础和环境。同时，进一步指导单位夯实管理会计应用的数据基础，完善业财融合的信息系统架构，拓宽会计信息化服务领域，进一步提升面向管理会计的信息系统建设水平，推进财务信息系统与业务信息系统的深度融合。鼓励单位建立面向管理会计的信息系统，以管理会计理念和技术方法为基础，以信息化和标准化为支撑，有效整合财务和非财务信息，借助互联网、人工智能、大数据等新技术，实现会计与业务活动的有机融合，从源头上防止“烟囱林立、孤岛遍地”，为推动管理会计应用落地和发挥管理会计功效提供技术支撑。此外，鼓励具有一定规模的单位建立并深化运用财务共享服务中心，推动会计职能从核算向管理拓展。鼓励会计软件公司和有关中介服务机构积极拓展管理会计信息化服务领域，为信息化和管理会计深度融合发展提供助力。

四、落实重要举措的有关要求

（一）政府部门大力推动。

财政部作为会计工作的主管部门，做好顶层设计，结合我国管理会计理论与实践经验，大力推动管理会计应用；各级财政部门要立足行业管理职能，切实履行职责，加强统筹，继续做好组织、协调和指导工作，努力厚植管理会计发展优势；相关会计监管部门要结合本部门实际，探索采取各种务实举措，推动管理会计在本监管领域的应用；通过广泛宣传报道和多层次、多领域培训，形成社会各界普遍认同和拥护支持的良好氛围。

（二）社会各界积极联动。

会计理论界可探索中国特色管理会计的理论创新，并根植于实践，使管理会计在企事业单位逐步形成务实管用的实际效应；有关高等院校和科研院所要立足理论联系实际，做好管理会计理论研究，切实把实务中好的经验总结、提炼、升华出来，为我国管理会计发展提供强大理论支持；会计团体要立足行业发展，发挥在管理会计体系建设中的桥梁和纽带作用，要通过多种途径融入管理会计体系建设，通过搭建产学研平台、举办研讨会、论坛等多种形式，宣传推广管理会计；中介机构、咨询机构、软件厂商可针对企事业单位应用管理会计的短板，围绕顶层设计、工具方法、数据支撑等方面，助推管理会计切实发挥服务企事业单位的实际效用。

（三）企事业单位主动行动。

各单位要高度重视管理会计应用，切实把管理会计嵌入单位管理和发展战略规划，不断拓展管理会计工具方法应用范围，增强实施管理会计的自信心和内动力，为管理会计应用创造良好的内部环境；制定贴合单位实际、务实管用的指导思想和行动计划，在单位上下统一思想、形成共识，加强机构设置、职能岗位和人员配备；同时，大力提升管理会计的信息系统建设，推动管理会计功能的发挥，切实提升单位价值创造能力；广大会计人员要立足业务岗位，不断学习管理会计新理论、新知识，在实务中进行创新应用，提升管理会计专业技术水平。

加强会计理论与实务研究
推动经济社会高质量发展

——《会计改革与发展“十四五”规划纲要》系列解读之十

《会计改革与发展“十四五”规划纲要》（以下简称会计“十四五”规划）明确提出要加强会计理论和实务研究，为有关政策的制定完善及有效实施提供科学论证和决策参考；完善理论研究及成果转化应用机制，形成会计理论研究体系；深化国际学术交流，全面提升中国会计的国际影响力；加强会计人才培养，发挥高端会计人才智力优势。这一系列要求为新发展阶段的会计理论与实务研究、会计学术国际交流工作指明了方向，并提供了政策指导。

一、“十三五”时期会计研究成果丰硕

“十三五”时期，我国会计研究工作以十八届五中全会、十九大和十九届历次全会精神为指引，推动理论创新和实务创新，在理论研究与成果转化、高层次会计学术人才培养等方面取得显著成效。

（一）理论研究与实践运用的有机结合机制逐渐完善。

“十三五”时期，财政部立足中国国情，逐步完善理论研究与服务实践的有效结合机制，全面提升了理论成果转化效率，国家经济社会

发展中与会计相关的重大问题理论攻关取得新突破，研究成果运用取得新成效。

一是贯彻“创新、协调、绿色、开放、共享”五大发展理念，组织开展重点领域会计理论研究，形成系列研究成果，为主管机关开展相关工作提供了有益参考。

二是根据“四个全面”战略布局要求，围绕会计法治、“一带一路”建设、脱贫与资金绩效、治理体系和治理能力现代化等领域相关会计问题，组织团队开展研究，形成了《“一带一路”建设相关会计问题调研报告》等系列成果，为会计行业主管部门完善法规制度提供决策参考。

三是推动行业建设，加强财会监督相关研究。针对市场体系和监管体系培育完善过程中出现的新情况新问题，系统梳理近年来财务造假典型案例及相关法律制度，从企业和会计师事务所两类主体入手，结合《会计法》和《注册会计师法》修订需要，组织学术力量开展系统研究，为做好顶层制度建设、发挥监管部门职责作用，进行科学论证。

四是开展“金砖国家会计趋同、等效与监管”专题研究，为金砖国家会计合作机制及会计准则趋同等效等相关问题提供智力服务。

五是加强与高校、研究机构和企业的交流，实现政、产、研、学的有机结合，完成了“中国内部控制研究中心”“中国企业营运资金管理研究中心”研究工作，发布了“中国上市公司营运资金管理调查”年度报告。

（二）高层次学术人才队伍持续壮大。

财政部组织实施高层次会计人才工程，为“十三五”会计改革与发展夯实了高端学术人才基础。

一是组织全国高端会计人才（学术类）选拔培养工作，“十三五”时期共选拔62位学员，开展集中培训、项目支持、主题行动等培养工作，为会计改革发展输送中青年骨干人才。

二是积极推进会计名家培养工程相关工作，选拔40位会计名家培养对象，提高会计名家工程的工作质量和学术影响，充分发挥高层次学术人才项目在会计人才队伍建设中的“高端引领、整体开发”作用。

三是创新工作方式，举办会计骨干人才培训班。围绕会计改革发展和社会的需求，根据会计相关工作重点、难点、热点问题，探索分行业、分领域、分层次的精准培训，努力提高培训班办学质量；探索开展线上线下融合发展的专业培训新路径和新模式；进一步完善网站系统相关功能，提高人才培训工作效率。

四是支持资助学术人才脱颖而出，激发学术创新活力。切实做好我国会计领域第一个奖学金——“杨纪琬奖学金”的征选评选，激励全国会计理论工作者，尤其是青年才俊继承和弘扬老一辈会计学家严谨的治学精神，促进我国会计理论研究的繁荣和会计人才的培养。

（三）经济社会发展相关重大问题研究取得新进展。

从会计管理部门与实务界的需求出发，聚焦经济社会发展重大议题，组织全国会计科研力量开展理论攻关，积极建言献策，供有关部门参考。

一是结合第四次科技革命成果，聚焦会计理论研究创新、数字化智能化与财务报告未来模式研究、管理会计理论变革与中国情景应用研究、新形势下会计类学科专业的融合与重构研究、智能财务建设与业财融合研究、高质量发展与高质量会计信息供给等6个重点领域，形成一批具有较高学术价值的科研成果。

二是聚焦国家“双碳”战略部署，引导学术界开展“双碳”战略相关会计问题研究，形成自然资源、碳排放等的会计核算研究成果，为国家相关决策提供科学依据。

三是立足“两个一百年”奋斗目标的历史交汇点，组织开展革命根据地会计研究，探索了新中国会计对革命根据地会计的传承和对接，为党史学习，特别是为全国财务会计人员的党史学习和红色传统教育，提供有专业适应性的资料。

四是争取全国哲学社会科学工作办公室支持，组织开展“重大公共卫生事件下的企业会计问题及其应对”等重大问题研究，形成丰硕成果，为疫情应对和推进有关工作提供会计解决方案。

（四）多领域、多层次的学术活动全面推进。

财政部发挥中国会计学会的纽带作用，规范分支机构管理，开展各类学术年会、专题研讨会，不断丰富学术内容、提高学术交流效果。

一是汇总专项课题成果、教学科研经验等进行专题报告，充分传播了理论研究形成的学术思想与理论贡献，推动会计学科体系、理论体系、教材体系不断完善。

二是根据疫情防控要求和学术活动特点，创新学术活动组织机制和组织形式，开展线上线下相结合的学术交流，组织更广泛范围的会计人员参与研讨，做实做精学术交流工作。

三是鼓励不同地区、行业和专业领域结合自身特点，组织开展特色鲜明的各类活动，引导青年学子积极参与，激发学术活力，营造百花齐放、百家争鸣的学术氛围。

（五）国际学术交流活动卓有成效。

“十三五”时期，财政部在构建会计学术话语体系、传播中国会计学术声音、塑造中国会计学术形象等方面，做出了积极努力。

实际问题为目标组织开展研究工作，促使会计理论为实践提供指导，推动理论成果转化为现实的生产力，为有关政策的制定完善和有效实施提供科学论证和决策参考。

二是“十四五”时期，中国会计学会将更好发挥联系主管机关、理论界、实务界的桥梁纽带作用，团结并带领全国会计科研力量，加强对会计基础理论问题和会计实务问题的研究，增强理论成果对解决实务问题的针对性。

三是开展实务问题专题研究，积极组织理论和实务界专家挖掘实际工作中的问题，从实务角度对会计理论研究成果进行深化，进一步对初步研究成果进行完善，并对成型研究成果加以应用，切实使会计理论研究发挥促进会计改革与会计工作的作用。

（三）加强高端人才培养，建设专业智库平台。

着力推动会计专业智库建设，更好利用会计专家的智力优势，发挥会计专家在科研、教育和人才培养等方面的引领辐射作用，推动会计学科和会计行业发展。

一是用好会计名家培养工程平台，积极开展科普宣传、基层调研、跨学科交流等社会活动，发挥名家在科研、教育和人才培养方面的引领作用。

二是做好高层次财会人才素质提升工程（学术类）培养工作，通过优化培训课程设计、组织重点课题研究等方式提高培养工作的质量，引导组织青年学者关注会计改革中的实际问题，更好地服务我国财政会计改革实践。

三是突出一线科研工作的主体地位，广泛动员会计教学和实务工作的基层人员参与会计理论研究。按照“产、学、研”一体化的发展思路，通过多元化的教育、培训等方式，利用线上线下的灵活技术手段，优化人才培养结构，完善人才培养机制，为社会提供理论基础扎实、实践经验丰富的会计人才。

四是通过研究专报、成果要报、专栏专题等形式，为会计人才提供展示研究成果的平台。一方面，为国家和社会了解经济社会发展和财政会计改革相关科研进展提供多元化的渠道；另一方面，为国家有关政策、制度和措施的制定实施服务，提升会计理论的指导能力和引领效果，并且力图有新的突破。

五是引领人才培养转型。发展的新阶段面临新的任务和挑战，涌现的新技术和新方法也为新时期的会计研究工作提供了技术基础，重视新技术发展带来的人才需求的变化，积极优化人才培养机制，促进会计人才转型，为会计理论和实务界输出符合新时代发展要求的会计人才。

（四）完善理论研究机制。

1. 完善学术活动机制。聚焦新时期的重大、难点问题，坚持问题导向，积极举办各项学术活动，完善学术年会、专题研讨，专门论坛等学术活动机制，进一步创新理论研究成果的转化应用机制。

一是组织理论学者和会计实务工作者，开展各类学术和科研活动，明确学术活动主题，针对学术界普遍关注的热点问题和当前会计改革发展的重难点问题，推出具有理论引领意义和应用价值的研究成果，推动建立会计理论创新和发展的学术交流平台。

二是组织相关领域的人才针对会计标准体系建设、会计准则趋同等对实践具有指导意义的选题开展深入研究与专题研讨，不断创新、积极进取，推动先进理论的建立和验证。

2. 优化学术评价机制。会计科研成果的评价应坚持为会计发展服务的原则，提高评价体系的科学性，完善成果评价标准，倡导会计学术创新。

一是优化学术期刊选稿用稿工作，进一步提高稿件质量，扩大稿件来源，在全面考虑稿件工作质量、学术水平、应用价值等方面的基础上给予客观的评价。发挥权威学术期刊的导向和引领作用，配合会计改革中的重点问题，刊登理论研究成果，调动研究的积极性，从而推进会计理论与实务研究加速发展。

二是论文评选呈报方面，将不断完善科研成果评价体系，积极推动优秀论文、杨纪琬会计学奖学金等奖项的评选与宣传工作，推动优良学风建立。积极组织相关领域的专家对重点学术研究成果进行严格评审，对专家评价较高的成果进行整理汇编，向相关部门进行推荐，进一步促进科研成果转化。

三是人才选拔与推荐方面，进一步完善“全国高端会计人才培养工程”“会计名家培养工程”等人才培养机制，加强人才制度建设，不断提高会计人才整体素质，培养造就与会计改革发展需要相适应的人才队伍。

3. 创新学术工作机制。财政部将监督和引导国家会计学院和会计行业组织（社团）的自身建设，创新工作机制。

一是推动国家会计学院、会计行业组织（社团）的相互配合，加强各组织之间的沟通交流，进一步密切工作关系，在完善现有以中国会计学会为主体，地方会计学会为支撑，各级各类专业会计学会为补充的会计学术组织体系的基础上，建立各类会计学会及其所属机构分工合作的学术工作机制，逐步形成以中国会计学会为引领，服务全国、协同高效的会计理论研究体系。

二是积极拓展研究领域，创新研究方法，推动会计理论与实务研究的进步，结合会计改革发展进程组织开展案例研究，讲好中国故事。

（五）深化国际学术交流。

1. 发挥国际学术交流平台作用。充分发挥中国会计学会、国家会计学院等有条件的专业组织、科研院校在深化会计国际学术交流中的平台作用。

一是“十四五”时期，财政部将采用更加多元化的学术交流模式，不断完善对外交流开放平台，形成国际化的运行机制和理念，积极开展全球学术交流和合作，对外传播中国会计改革发展模式、中国会计理论成果和学术人才。

二是在着力解决我国会计实践与会计改革发展中的重大问题的同时，聚焦关系人类共同命运的全球问题，推动中国的会计人才和研究成果走向世界，为会计事业的发展提出中国方案，贡献中国智慧。

2. 有效运用国际合作机制。配合国家对外开放发展战略开展学术交流合作，积极运用“一带一路”财经发展研究中心、亚太财经与发展研究中心等国际合作机制，与其他国家建立起经常性的联络和对话，并就最新研究成果、准则制定进展等重要问题进行定期交流与探讨，不断提高我国在国际会计准则制定中的话语权与影响力，更好地促进经贸往来和资本流动。